KB202758

나도 성경박사

성경이 해석되어 지네!

성경이 해석되어 지네!

초판발행 / 2014년 5월 1일
초판인쇄 / 2014년 5월 1일

지은이 / 변 행 선
발행처 / 성경 박사원 010-4704-4508
          등록 제 8-50. 2008. 7. 16.
          서울 송파구 백제고분로 34길 17
          전화 02-401-4508, 010-8929-4508
          http://cafe.daum.net/bbd66

ISBN : 979-11-952776-1-2 (03230)

＊ 이 책의 저작권은 저자에게 있습니다.
＊ 저자의 허락 없이 내용의 일부를 인용하거나 발행하는 것을 금합니다

나도 성경 박사

성경이 해석되어 지네

변행선 목사

Interpretation
of Bible

성경박사원
Bible Academy

말세라는 소리를 교회 안과 밖에서 들리는 이때에 늦은 감이 있지만 이러한 때에 하나님의 뜻대로 성경이 해석되지 못하는 것을 안타깝게 생각하면서 변행선 목사님께서 30년의 목회와 지난 8년 동안 목회자들을 대상으로 가르쳤던 예수님이 가르쳐준 성경해석과 사도바울의 성경해석방법을 깨닫고 연구하여 "성경이 해석되어 지네" 책을 출간하여 누구나 성경을 쉽게 해석하여 하나님의 뜻대로 살면서 영혼 구원받고 이 땅에서도 하나님이 허락하시는 하나님의 복을 누리고 이단 세력들을 물리칠 수 있도록 한국교회 목회자와 성도들의 성경해석 지침서가 되게 하신 하나님께 무한 영광을 돌립니다.

아담을 창조하여 하나님의 뜻을 알도록 마음에 성경을 넣어주어 만물을 다스리도록 하였으나 죄가 아담의 마음에 들어오므로 하나님의 뜻대로 살지 못하고 죄를 지었습니다.

특별히 아브라함을 선택하여 그의 후손들에게 율법을 주어 하나님의 뜻대로 살도록 하였으나 영의 눈이 가려져서 성경을 바르게 해석하지 못하여 하나님의 뜻을 거스르므로 가나안 땅이 황폐해졌습니다.

오늘날 설교자들은 성경을 해석하는 방법을 잘 못 배우고, 교인들은 성경 해석 방법이 있음도 알지 못하여 하나님의 뜻과는 무관한 삶을 살고, 영혼구원과는 거리가 먼 이 땅에서의 행복만을 추구하는 신앙을 가지므로 마음에 변화가 없어 공허한 삶만을 영위하며 단순히 나는 예수를 믿으므로 구원받았다는 막연한 삶을 살아가며 위로 삼아 살아가고 있는 현실이 오늘 한국교회의 모습입니다.

예수님 당시 유대인들은 성경에 기록된 내용을 문자 그대로 전해주거나 장로의 유전을 만들어 그 시대의 삶에 적용해 가르쳤는데 예수님께서 유대인들을 소경이라고 하였습니다.

그럼에도 불구하고 오늘날 설교자들이 영혼에 포커스를 맞춘 영적인 성경해석이 아닌 육신에 포커스를 맞춘 육적인 성경해석을 하므로 하나님의 뜻을 찾지 못하고 소경이 유대인들처럼 본문의 내용을 설명해주거나 오늘의 육적인 삶에서 적용을 찾아 영혼과 전혀 관계없는 설교를 하다 보니 교인들은 하나님의 뜻을 알지 못하므로 하나님의 뜻대로 산다고는 하나, 하나님의 뜻과는 무관한 육신의 만족을 채우기 위한 삶을 살다가 세상으로 나가 버리거나 이단에 넘어갑니다.

성경해석은 성경에서 답을 찾아야 한다고 말하면서, 성경에서 하나님의 뜻을 찾는 방법조차도 모르고 또 세상에서 답을 가져오는 것이 현실입니다.

"성경이 해석되어 지네" 책은 읽고 따라오면 영의 눈에 열려서 저절로 성경이 해석돼 하나님의 뜻이 눈에 보이는 놀라운 체험을 하게 될 것입니다.

오늘날 영혼의 갈급함으로 인해 방황하는 교인들과 하나님의 뜻대로 바르게 성경을 해석하지 못하는 설교자들에게 좋은 지혜와 길잡이가 되어 영적 무기로 무장되는 성도들이 되기를 바라면서 권합니다.

사) 성경아카데미 상임이사
은평교회 이세일 목사

추천의 글

사상과 신학이 난무하는 세상이다. 그러므로 진리인 성경 말씀을 올바르게 해석하기에 어려운 시대이다. 개인적으로 나는 말씀을 사모하는 열정이 남달라서 진리의 말씀을 잘 전하는 곳이나 목회자를 만나는 것을 주저하지 않고 찾아가는 편이다.

그러던 중 변행선 목사님을 성경박사원에서 만나게 되었고 변행선 목사님의 해박한 지식과 지혜로 성경을 해석하고 말씀을 풀이하는 강의를 들으면서 많은 깨달음과 놀라움을 경험하면서 참으로 한국교회의 많은 목회자와 신학생들, 그리고 평신도에 이르기까지 변 행선 목사님의 강론을 경청하고 접했으면 하는 차에 "성경이 해석되어지네"란 책을 저술하심을 알고는 무척 반가웠다.

복음주의적 성경해석으로 성경을 잘 이해되고, 잘 깨달아 알도록 해석해 줌으로써 많은 목회자와 평신도가 읽고 그 해석을 참조하여 성경을 연구하였으면 하는 바람이다.

또한 이 책을 통하여 성경을 일독, 다독하면서도 그동안 풀리지 않은 성경의 난제와 해석상의 어려운 내용을 기독교계의 방송사, 기독교 서점, 기독교 신문사를 통하여서도 명쾌한 해석의 안내를 받지 못한 모든 분께 "성경이 해석되어지네"의 책을 통하여 소중한 안내를 받게 될 것이라는 기대감이 가슴을 뛰게 한다.

앞으로 "성경이 해석되어지네"를 통하여 한국교회의 목회자, 평신도들에게 가장 소중한 안내서가 되기를 소망하면서 아울러 변행선 목사님의 성경연구가 더욱 하나님을 영화롭게 하고 한국교회에는 큰 빛과 소망이 되기를 바란다.

사) 성경아카데미 이사장
대자교회 원로목사 김 규 배

예수님께서 부활하시고 마지막 갈릴리에서 제자들을 모아놓고 하신 말씀 "예수께서 나아와 말씀하여 이르시되 하늘과 땅의 모든 권세를 내게 주셨으니 그러므로 너희는 가서 모든 민족을 제자로 삼아 아버지와 아들과 성령의 이름으로 세례를 베풀고 내가 너희에게 분부한 모든 것을 가르쳐 지키게 하라"를 지상 최대 명령이라고 말하면서 모든 성도들은 가장 중요하게 여기고 실천하려고 합니다.

예수님의 이 명령 안에는 크게 세 가지가 들어 있습니다.

하나는 가르치라는 것입니다.
가르치라는 말씀 속에는 성경을 보고 해석하는 방법을 가르쳐 주라는 말씀이 들어 있습니다.

왜냐하면 성경은 예수님에 대한 기록으로 예수님의 증인이 되기 위해서는 성경 어느 곳을 펼치든지 예수님의 구원하는 방법들이 기록되어 있는데 이를 찾아내지 못하면 성경을 가지고도 예수님의 증인이 될 수 없습니다.

예수님께서 제자들을 선택하여 전도하는 방법도 가르쳐 주셨지만 가장 중점적으로 가르쳐주셨던 내용은 성경을 해석하는 방법입니다.

대답하여 이르시되 천국의 비밀을 아는 것이 너희에게는 허락되었으나 그들에게는 아니 되었나니 무릇 있는 자는 받아 넉넉하게 되되 없는 자는 그 있는 것도 빼앗기리라 그러므로 내가 그들에게 비유로 말하는 것은 그들이 보아도 보지 못하며 들어도 듣지 못하며 깨닫지 못함이니라. 이사야의 예언이 그들에게 이루어졌으니 일렀으되 너희가 듣기는 들어도 깨닫지 못할 것이요 보기는 보아도 알지 못하리라 이 백성들의 마음이 완악하여져서 그 귀는 듣기에 둔하고 눈은 감았으니 이는 눈으로 보고 귀로 듣고 마음으로 깨달아 돌이켜 내게 고침을 받을까 두려워함이라 하였느니라. 그러나 너희 눈은 봄으로, 너희 귀는 들음으로 복이 있도다.

마태복음 13장 11-16절

예수님께서 가르쳐주신 전통적 성경해석 방법이 초대교회 때는 전수되어 내려왔지만 이백 오십 여년의 기독교의 박해가 이어지면서 사라지고 현재의 성경해석 방법은 소경들이라 불리던 유대인들이 사용하는 문자적, 역사적방법과 세상 학문이 만들어낸 귀납적, 연역적 방법입니다.

그로인해 본문의 역사를 읽은 후 설명을 붙이거나, 교훈을 찾든지, 오늘날 적용을 찾아서 가르치는 윤리, 도덕이나 전해주는 책이 되고 말았습니다.

다행히도 주님께서 저자에게 은혜를 주셔서 지난 사십 년이 넘는 세월동안 전통적 성경해석 방법을 찾게 하셔서 팔년 동안 목회자들에게 가르치게 하셨습니다.

주님께서 주신 은혜를 이 책이 모두 담을 수 없기 때문에 그중에서 꼭 필요한 성경해석의 기초와 성경해석 방법을 쉽게 보고 이해할 수 있도록 방송한 삼십 분씩 이십 시간 강의 내용의 방송 원고를 책으로 만들어 보았습니다.

본 책은 크게 세부분으로 나누어집니다.

첫째는 성경을 보는 눈과 성경해석의 기초.

둘째는 성경 어느 곳을 펼치든지
　　　예수님의 구원사역을 사차원 방법으로 보고 해석하는 방법.

셋째는 성경을 영혼이 먹는 생명의 양식으로 만드는 방법과 사차원
　　　방법으로 해석하여 역사 이야기를 지금 나에게 주시는 살아있는
　　　하나님의 말씀으 로 만드는 방법입니다.

　이 책은 예수님의 지상 최대 명령인 모든 자녀들이 성경만 가지고 있으면
누구나 스스로 성경을 해석하는 방법을 알 수 있도록 전하는데 목적을 두고
방송 원고를 글로 옮겨보았습니다.
미약하지만 모든 성도들에게 조금이나마 도움이 되었으면 고맙겠습니다.

차례

성경을 보는 눈과 성경해석 기초 1 부

사 차원 성경해석 2 부

사 차원 성경해석 실습 3 부

제 1 강
성경 기록 방법

마태복음 13장 34절

성경 안에는 **분명히** 하나님의 뜻이 비밀로 **기록되어 있습니다.**
그러나 성경을 해석할 줄 아는 사람에게는 성경은 비밀이 **아닙니다.**

이 책은 성경해석 중 **가장 기초 부분으로** 예수님을 믿는 모든 자녀들이 꼭 배우고 알아야 하는 내용으로 기독교 방송에 방송되는 내용을 원고 그대로 글로 옮겨놓아 방송을 보면서 공부하도록 만든 책입니다.

본 책은 **크게 4 가지 내용을 가지고** 20시간 강의용으로 되어있습니다.

첫째.	성경을	보는 방법
둘째.	성경을	해석하는 방법
셋째.	예수님을	사차원으로 해석하는 방법
넷째.	영혼구원을	사차원으로 해석하는 방법입니다.

쉽지는 않지만 이 네 가지 방법을 **배우면**
성경만 있으면 여러분도 성경을 해석할 수 있습니다.

선지식이라는 말이 있습니다.
선지식은 내가 **이미 알고 있는 지식**을 **말합니다.**

교인들이 가지고 있는 잘못된 선지식 중 하나는
성경해석은 목회자만 할 수 있다고 생각하며
성경해석 하는 방법을 배워 보려고 하지 않는 것입니다.

예수님께서 **승천하기 직전** 제자들에게 명령하신 말씀은
내가 너희에게 **가르친 것을 가르치라고** 하셨는데
곧 믿는 모든 자들에게
성경해석 하는 방법을 가르쳐 주라는 것입니다.

☑ **마태복음 28장**
19 그러므로 너희는 가서 모든 민족을 제자로 삼아
   아버지와 아들과 성령의 이름으로 세례를 베풀고
20 내가 너희에게 **분부한 모든 것을 가르쳐** 지키게 하라

그러므로 성경해석은
예수님 믿는 모든 자녀들은 **누구나 꼭 배워야 합니다.**

왜냐하면? 성경을 해석하지 못하면
내가 성경을 읽고 생각하는 것과
내가 듣는 설교의 **옳고 그름을 분별할 수 없기** 때문에
   말씀대로 순종할 수도 없고 이단의 미혹에 **빠지게 됩니다.**

이 시간 배울 첫 번째 강의는 성경기록 방법입니다.

제 1 강
성경 기록 방법

마태복음 13장 34절

성경을 해석하려면

가장 먼저 성경이 어떠한 방법으로 기록되어 있는가를 **알아야 합니다.**

성경해석도구

이 도표들은 하나님께서 **주신 지혜와 30년 목회동안**
성경을 **연구하면서** 성경을 **쉽게 해석할 수 있도록 만든 도구들입니다.**

한글이나, 워드의 도구들을 사용할 줄 알아야 문서를 작성할 수 있는
것처럼 위의 도구가 무엇인지?   **이 도표를 사용하는 방법을 배우면**
누구든지 성경만 있으면 성경을 쉽게 해석할 수 있습니다.
성경은 36명의 **저자들이 동원되어** 1600년 동안 **기록한**
        66권의 책을 오늘 우리가 보는 **한 권의 책으로 묶은 것입니다.**

성경 목록 66권의 **제목을 외우기도 쉽지 않은데**
약 46만개 단어로 된 31,073 구절을 모두 아는 것은 쉽지 않습니다.

만약 그림 한 장에 성경 66권을 **담아 볼 수 있다면** 어찌되겠습 니까?
성경 안에는 성경 66권을
그림 한 장에 **담을 수 있는** 그림들이 **많이** 있습니다.

그중 대표적인 3종류의 그림이 있습니다.
3종류의 그림은 각기 다른 형태로 볼 수 있고
또 해석하는 방법들을 담고 있습니다.
이 3 종류의 그림을 보는 눈이 열리면 성경을 쉽게 해석할 수 있습니다.

무슨 그림입니까? 물고기 그림입니다.

헬라어 = 익투스
해 석 = 예수그리스도는 하나님의 아들이시며 구원자

읽어 봅시다.   익투스 (막 6:38) **익투스는 물고기 이름입니다.**

☑️ 마가복음 6장

38 이르시되 너희에게 떡 몇 개나 있는지 가서 보라 하시니 알아보고
이르되 떡 다섯 개와 물고기 두 마리가 있더이다 하거늘

익투스는 예수그리스도는 하나님의 아들이시며 구원자의
첫 자를 따서 붙인 글자의 약자입니다.

1. $I\eta\sigma Ov_s$ (이에수스)   예 수   (마태복음 1장 1절)
2. $X\rho\iota\sigma\tau Ov_s$ (크리스투스)   그리스도   (마가복음 1장 1절)
3. $\theta\epsilon Os$ **(데오스)**   하나님   (마태복음 1장 23절)
4. $\gamma\iota Os$ **(휘오스)**   **아 들**   (요한복음 1장 34절)
5. $\Sigma\omega\tau\eta\rho$ (소텔,소테르)   구 원   (누가복음 2장 11절)

익투스가 **떠오르지 않으면** = 김익두 목사님을 **생각하면 됩니다.**

김익두 목사님은   1910년 평양 신학교 졸업   하시고
            1950년   공산군에 피살   당하시고
            150개   교회를   세웠고
            2만 8천여   설교를   했으며
       1만 명이 넘는   사람들의 병을   고쳐주었습니다.

신약성경 27권은 AD 397년에 정경으로 **선포되기 전**
초대교회 성도들은 로마 황제 네로로부터 **시작되어 250년 동안**
박해가 지속되는 동안 이 그림 하나를 **가지고 다녔는데**
이 그림 안에 성경이 모두 **들어 있습니다.**

물고기 그림의 특징은
성경 역사를 담아 한 눈으로 볼 수 있습니다.

마태복음 13장 47-48절 읽어 봅시다.

마태복음 13장 47-48절
또 천국은 마치 바다에 치고 각종 물고기를 모는 그물과
같으니 그물에 가득하매 물 가로 끌어내고 앉아서
좋은 것은 그릇에 담고 못된 것은 내버리느니라

 마태복음 13장 47-48절 해석

마태복음 13장 49~50절
세상 끝에도 이러하리라
천사들이 와서 의인 중에서 악인을 갈라내어
풀무 불에 던져 넣으리니 거기서 울며 이를 갈리라

바다는 세상, 물고기는 세상 사람들, 그물은 교회,
물고기를 잡는 사람은 예수님, 추수 때는 세상종말,
좋은 고기 – 의인, **못된 고기 악인**

마태복음 13장 47-48절의 물고기 비유는

세상에 사는 사람들을 전도하여 교회에 다니는 사람들 **중에서**
하나님의 뜻대로 **순종하는** 사람들을 의인으로
순종하지 않는 사람들을 악인으로 **분류하여**
세상 끝 날에 심판하신다는 **것입니다.**

☑ 마태복음 7장 21절 읽어 봅시다.

마태복음 7장 21절
나더러 주여, 주여 하는 자마다
다 천국에 들어갈 것이 아니요 다만 하늘에 계신
내 아버지의 뜻대로 행하는 자라야 **들어가리라**

물고기 속에 감추어진 비밀들

1. 물고기는 어디에 살고 있습니까? 물에서 **살고 있습니다.**
성경에서 물은 말씀을 **설명해 주는데 비유로 사용됩니다.**

☑️ 아모스 8장

11 주 여호와의 말씀이니라 보라 날이 이를지라 내가 기근을 땅에 보내리니
  양식이 없어 주림이 아니며 물이 없어 갈함이 아니요
  여호와의 말씀을 듣지 못한 기갈이라

  물고기가 **물이 없으면 죽는 것처럼**
  구원받은 성도들은 말씀이 **없으면 죽게 됩니다.**

 2. 물고기가 오염된 물을 먹으면 **죽게 되는 것처럼**
  구원받은 성도들도 오염된 마귀의 악을 **먹으면 죽게 됩니다.**

☑️ 요한복음 4장

13 예수께서 대답하여 이르시되
  이 물을 마시는 자마다 다시 목마르려니와
14 내가 주는 물을 마시는 자는 영원히 목마르지 아니하리니
  내가 주는 물은 그 속에서 영생하도록 솟아나는 샘물이 되리라

 3. 물고기는 지느러미와 꼬리에 의해서 목적지를 **향해 나아갑니다.**
  구원받은 성도들은 하나님의 섭리를 따라 천국을 **향해 나아갑니다.**

☑️ 잠언 16장

9 사람이 마음으로 자기의 길을 계획할지라도
  그의 걸음을 인도하시는 이는 여호와시니라

 4. 정한 물고기는 비늘이 몸을 **감싸고 있습니다.**
  구원받은 성도들이 천국에 **들어 갈 때는 세마포를 입혀주십니다.**

☑ 요한계시록 19장

7 우리가 즐거워하고 크게 기뻐하며 그에게 영광을 돌리세 어린 양의
  혼인 기약이 이르렀고 그의 아내가 자신을 준비하였으므로
8 그에게 빛나고 깨끗한 세마포 옷을 입도록 허락하셨으니
  이 세마포 옷은 성도들의 옳은 행실이로다 하더라

5. 물고기의 눈은 목표를 **바로 보게 하는 또** 살아있음을 **증명합니다.**
   구원받은 성도들의 영안은
   성경을 **바로 보게 하고 생명 있음을 증명합니다.**
   물고기를 보는 눈이 **열리면** 성경 66권을 **쉽게 볼 수 있습니다.**

☑ 마태복음 13장

13 그러므로 내가 그들에게 비유로 말하는 것은 그들이 보아도
   보지 못하며 들어도 듣지 못하며 깨닫지 못함이니라

✵ **도표를 읽어 봅시다.**

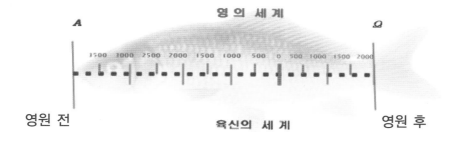

영원 전   육신의 세계   영원 후

6. 물고기의 배 옆에는 점선의 줄이 **있습니다.**

   물고기의 점선 안에는 육의 세계 역사가 **들어 있습니다.**

✵ 역사도표

천 년 단 위			오 백 년 단 위		
0	아 담	**탄생**	622	에 녹 **탄생**	
1056	노 아	**탄생**	1656	홍 수	
1948	아브람	**탄생** BC 2166	2554	출애굽	BC 1446
2990	다 윗	**왕국**	3414	남왕국 유다 **멸망** BC 586
	솔로몬	**성전완공** BC 959	3464	바벨론 포로 **귀환** BC 536
			3484	제 2 성전 **완공** BC 516
0	예수님 탄생		325	삼위일체 선포 니케아 **공의회**	
90	구약정경 선포 **얌니아 회의**		397	신약정경 선포 카르타고 **회의**	
476	서로마	**멸망**			
1054	동, 서 교회	**분리**	1453	동로마 **멸망**	
			1517	루터의 **종교개혁**	

물고기의 점선을 **따라서** 역사를 쉽게 배울 수 있습니다.

물고기의 점선을 세 종류로 **나눕니다.**

　　첫째. 기둥 6개를 세워 각 기둥마다 **천 년을 표기하여**

　　　　　　천 년마다   중요한 사건을 **기록합니다.**

　　　　아담, 노아, 아브람, 다윗, 예수님의 탄생

　　둘째. 중간 기둥 6개를 세워   오백 년을 **표기하여**

　　　　　오백 년마다 중요한 사건을 **기록합니다.**

　　　　에녹, 노아 홍수, 출애굽, 유대멸망, 서로마 멸망, 종교개혁

셋째. 작은 기둥들을 세워   백 년을 표기하여
백 년마다 중요한 사건을 **기록합니다.**

이와 같은 방법으로 역사를 만들어 보면
성경 역사를 한 눈에 담아 **쉽게 볼 수 있습니다.**

7. 물고기의 몸은 시작과 끝을 **가르쳐 줍니다.**
   하나님 세계의 영원전과 영원 후까지
   세상 만물의 주인이신 하나님의 섭리하는 모습을 **담고 있습니다.**

☑ **로마서 11장**
36 이는 만물이 주에게서 나오고 주로 말미암고 주에게로 돌아감이라

8. 물고기 줄이 상, 하로 몸을 나누고 있는 **모습은**

✳ **읽어봅시다.**

영 의   세 계
육 의   세 계

하나님께서 창조**하시고** 다스리시는 세계는 둘로 **나누어집니다.**
물고기 줄의 상은 영의 세계인 **천국이고**
물고기 줄의 하는 육의 세계인 우주와 지구**입니다.**

✅ 요한복음 3장 12절 읽어 봅시다.

요한복음 3장 12절
내가   땅의   일을 **말하여도** 너희가 믿지 아니하거든
하물며 하늘의 일을 **말하면 어떻게 믿겠느냐**

예수님께서 니고데모에게
육신의 세계인 땅의   일이 **따로 있고**
영의   세계인 하늘의 일이 **따로 있음을** 가르쳐 주십니다.

이 말씀은 하나님께서 **만물을 창조하실 때**

　　1. 육신의 눈으로 **볼 수 없는** 영의 세계와

　　　(영, 프뉴마 (헬라어) **– 보이는 않는 것)**

　　2. 육신의 눈으로 **볼 수 있는** 육신의 세계를 **창조하셨습니다.**

질 문

영의 세계가 **진짜일까요?** 육의 세계가 **진짜일까요?**

요한계시록 21장
1 또 내가 새 하늘과 새 땅을 보니
  처음 하늘과 처음 땅이 없어졌고 바다도 다시 있지 않더라

세상 종말에 하나님께서 **창조하신**
육신의 눈에 **보이는** 하늘과 땅과 바다는 **모두 사라져 버리고**
하늘에서 거룩한 성이 **내려옵니다.**
이때 육의 모든 세계는 **끝나고** 영의 세계만 **남게 됩니다.**

성경에서 **말하는** 진짜란
영원한 세계   속에 **있는 것들만**   진짜이고
우리의 육신의 눈에 **보이는** 세계는 허상입니다.

질 문

성경에 **무슨 내용이** 기록되어 있습니까? **생각나는 대로 말해봅시다.**

    1. 하나님의 뜻
    2. 영혼구원
    3. 생명의 양식
    4. 천국에 대하여

성경은 믿지 않는 나에게 **주어질 때는** 영혼구원의 책이고
구원받은   나에게 **주어질 때는** 영혼이 먹는 생명의 양식입니다.

육신의 눈으로 성경을 보면
성경 안에 **역사와** 사람과 사물들의 이야기들이 **기록되어 있습니다.**
성경은 영혼구원의 책이며
성경의 **마지막 목표는** 영원한 천국을 만드는 것입니다.

☑️ 요한복음 3장 12절 읽어 봅시다.

마태복음 13장 34절
예수께서 **이 모든 것을 무리에게**
비유로 **말씀하시고**
비유가 **아니면 아무 것도 말씀하지 아니하셨으니**

하나님께서 성경을 통해 우리에게 **가르쳐주고자 하신 내용은**
육체가 **세상에서 어떻게 살아가는 방법이 아닙니다.**
죽은 영혼이 영혼 구원받는 방법과
영혼 구원받은 자녀들이 하나님의 뜻대로 **사는 방법입니다.**

하나님께서 만드신 영의 세계는

1. 육신의 눈으로 **볼 수 없고**
2. 영의 세계의 용어로 **말해주어도** 사람들이 **알아들을 수 없습니다.**

파테르 **헤몬 호 엔 토이스 우라노이스** 무슨 말입니까? **헬라어입니다.**
한글로 풀이하면 (하늘에 계신 우리 아버지여 **)**

사람들이 **사용했던** 헬라어도 무슨 말인지 알아들을 수 없는데
영의 세계의 언어로 **말하면** 누가 알아들을 수 있겠습니까?

이처럼 하나님께서 사람들에게
영의 세계**의 일을 전해주려고 해도 사람들이 알아들을 수 없기 때문에**

하나님의 뜻을 사람들이 **쉽게 알아들을 수 있도록**

사람들이 **사용하는** 세상 용어를 가지고

영의 세계의 뜻을 **전해 주십니다.**

하나님께서 영의 세계의 뜻을 **전해주시기 위해**

사용하신 첫 번째 방법은 용어입니다.

영의 세계에서 **사용하는** 용어를 영적용어라 **말하고**

육의 세계에서 **사용하는** 용어를 육적용어라 **말합니다.**

성경 원문은 히브리어, 헬라어로 **기록되어 있는데**

원문 그대로 우리에게 **주면** 뜻은 고사하고 **읽지도 못합니다.**

원문 성경을 우리가 **쉽게 읽을 수 있도록**

한글로 번역하였습니다.

이와 같이 하나님께서 영의 세계의 일과 영의 세계의 용어를

사람들이 **듣고 알 수 있는**

육의 세계의 용어를 **사용하여 전해주십니다.**

그러므로 성경 안에는 육적용어도 있고 영적용어도 **있습니다.**

예를 들면, 성전은 육적용어이고 예수님은 영적용어 **입니다.**

비둘기는 육적용어이고 순결은 영적용어 **입니다.**

포도나무는 육적용어이고 예수님은 영적용어 **입니다.**

도 표

사람	영적용어	사물

영의 세계의 용어는
육신의 눈으로 볼 수도 없고 들어도 이해할 수 없기 때문에
사람들이 알아들을 수 있는 육적 용어를 사용하게 되는데
사람들이 알아들을 수 있고 이해할 수 있는
어떤 것들을 사용해야 합니다.

하나님께서 성경을 기록하시면서 사용하신 것은 둘로 나누어집니다.

하나는 사람 이고
하나는 사물 입니다.

하나님께서 육신의 눈으로 볼 수 있는 사람과 사물을 사용하여
육적용어로 성경을 기록하셨습니다.

🌑 실습해 봅시다.

아담, 노아, 아브라함, 모세, 다윗은   무엇입니까? 사람 입니다.
에덴동산, 방주, 성막, 양, 돌, 산, 땅은 무엇입니까? 사물 입니다.

성경에 **기록된** 영적용어들은

　　　육적용어로 **사용해도 알 수 있기 때문에**

　　　육적용어로 **사용하고 있습니다.**

　　　그러므로 성경해석에 **있어서**

　　　영적용어를 **제외하면** 육적용어만 **남게 됩니다.**

　　　육적용어는 둘로 **나누어지는데**

　　　　　하나는 사람이고

　　　　　하나는 사물입니다.

하나님께서 성경을 기록하신 방법들은 종합해보면

1. 그림 한 장에 성경 66권을 **담아서 볼 수 있도록 하셨습니다.**

2. 영의 세계의 **알 수 없는** 용어들은

　　　　　육신의 세계의 용어들을 **사용하셨습니다.**

　　영의 세계의 용어를 영적 용어라 **말하고**

　　육의 세계의 용어를 육적 용어라 **말합니다.**

3. **알아들을 수 없는** 영적용어들은

　　　　사람과 사물을 **사용하여 기록하였는데**

　　　　이를 육적용어라 **말합니다.**

제 2 강
성경을 보는 눈

마태복음 13장 16절

☑ 마태복음 13장 13, 16절 읽어 봅시다.

> 마태복음 13장 13, 16절
> 그들이 보아도 보지 못하며
> 들어도 듣지 못하며 **깨닫지 못 함이니라**
> 너희 **눈은 봄으로**
> 너희 **귀는 들음으로 복이 있도다.**

사람이 하나님을 알 수 있는 방법들은 무엇이 있겠습니까?

1. 성경을 **통해** 하나님을 알 수 있습니다.
2. 영혼구원 **받으면** 알 수 있습니다.
3. 영안이 **열리면** 하나님을 알 수 있습니다.

☑ 로마서 1장
20 창세로부터 그의 보이지 아니하는 것들 곧 그의 영원하신 능력과
   신성이 그가 만드신 만물에 분명히 보여 알려졌나니

유대인들과 제자들은 **똑같이** 예수님을 보고 설교를 **듣고** 있었지만
예수님께서 유대들의 눈은 보지 **못하고 듣지 못한다고 하셨습니다.**

이는 유대인들은 예수님이 하나님이심과
영의 눈으로 성경을 보지 **못하고 있다는 말입니다.**

눈 그림 터치

성경해석도구

무슨 그림입니까? 눈입니다.

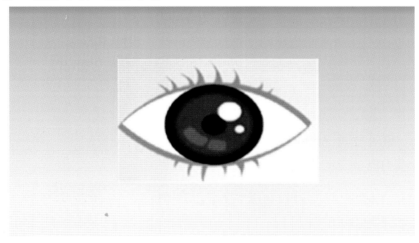

이 시간 배울 제 2 강은 성경을 보는 눈입니다..

제 2 강
성경을 보는 눈
요한복음 1장 29절

예수님께서 말씀하시는

보는 눈은 무엇이고?

보지 못하는 눈은 무엇을 말하는 것일까요?

사람은 겉 사람 육체와 속사람 영혼의

각기 다른 두 존재의 **결합으로 사람이 되었습니다.**

겉사람 육체에   눈이 **있듯이**

속사람 영혼에도 눈이 **있습니다.**

속사람 영혼의   눈을 영안이라고 **말합니다.**

영안은 영의 눈과 귀를 **말합니다.**

영의 눈과 귀의 기능은 무엇일까요?

육신의 눈으로 **볼 수 없는** 영의 세계를 **보고**

영의 세계와 교통하는 **기능입니다.**

우리가 성경을 통해 알고 있는

계시, 예언, 방언, 환상, 영몽의 활동은

영안을 통해서 이루어지며

영안을 통해서 알 수 있습니다.

성경은 구원받은 성도들의 영혼이 먹는 생명의 양식입니다.

구원 받지 못한 교인들의 영혼은 죽어있기 때문에

육신의 눈으로는 성경을 읽고 있지만

영의 눈은 보지 못하기 때문에

하나님의 뜻을 찾을 수 없습니다.

구원받은 성도들의 영혼은 살아 있기 때문에

영의 눈으로 성경을 보고

하나님의 뜻을 찾아

생명의 양식으로 먹을 수 있습니다.

구약에서 성경을 가장 많이 묵상했던 사람은 누구입니까?

다윗 왕입니다.

성경의 비밀을 알고 있었던 다윗은

성경을 묵상할 때마다 이렇게 기도 합니다.

☑ 시 편 119편 18절 읽어 봅시다.

시 편 119편 18절
내 눈을 열어서 주의 율법에서 놀라운 것을 보게 하소서 다윗은 무엇을 달라고 기도하고 있습니까?
영의 눈을 **열어서** 성경 안에 있는
하나님의 뜻을 볼 수 있도록 해 달라고 기도하고 **있습니다.**

✳ 읽어 봅시다.

밀크, 우유, **러브**, 사랑, 스카이, 하늘, 윈도, 창

육신의 눈으로 보면 **모두 한글**이지만 무엇이 다릅니까?
우유, 사랑, 하늘, 창은   **한글** 입니다.
밀크, 러브, 스카이, 윈도는   영어 입니다.

한국 사람에게
우유 드세요, 밀크 드세요, 중에 어느 말이 맞습니까?
사랑 합니다, 러브 합니다, 중에 어느 말이 맞습니까?

오늘 우리가 **가지고 있는** 성경을
육신의 눈으로 **보면 모두 한글** 입니다.

✳ 읽어 봅시다 – 성경을 기록한 용어

영의 세계 (영적 용어)

육의 세계 (육적 용어)

성경은 육적용어와 영적용어 두 가지로 **기록되어 있습니다.**
영의 세계에서 **사용하는 용어를** 영적 용어라고 **말하고**
육신의 세계에서 **사용하는 용어를** 육적 용어라고 **말합니다.**

하나님께서 영적용어로 사람들에게 **말하면 알아들을 수 없기 때문에**
사람들이 **사용하는 육적용어를 사용하여** 성경을 **기록하셨습니다.**

성경을 보는 영안의 첫 번째 기능은

한글로 기록된 성경의 단어들을 **보면서**
영적용어와 육적용어를 **구별하는 것입니다.**

파테르 **헤몬** 호 엔 **토이스 우라노이스는** 헬라어이고
해석, 하늘에 계신 우리 아버지여는 한글입니다.
이와 같이 육신의 눈으로 성경을 **보면서 구별할 수 있어야 합니다.**

성경에 **기록된** 영적용어와 육적용어의 글을 **구별하지 못하면**
성경을 읽고, 유대인들처럼 성경을 **모두 암송해도**
하나님의 뜻을 **찾지 못하는 소경** 입니다.

성경해석, 영해, 하나님의 뜻을 **찾기 위해서는** 가장 먼저
성경에 **기록된 용어들을 구별할 수 있는** 눈이 **열려야 합니다.**
성경을 둘로 **나누면** 무엇이 나오겠습니까?
종이와 글자로 나누어집니다.

성경은 히브리어, 아람어, 헬라어, 한문, 영어, 등
200개국의 언어이상 번역되어 있고
우리가 보는 개정성경은 약 46만개의 단어가 조합되어
기록되어 있습니다.

46만개의 단어들이 있지만
용어는 육적 용어와 영적 용어 둘로 나누어집니다.

육적용어, 영적용어를 구별하는 방법은 무엇입니까?

✵ 도표를 보면서 따라서 해봅시다.

육적 용어	영적 용어
육체의 눈으로 볼 수 있는 것	육체의 눈으로 볼 수 없는 것
눈으로 볼 수 있다	눈에 보이지 않는다
손으로 만질 수 있다	손으로 만질 수 없다
육체가 소유할 수 있다	육체가 소유할 수 없다

✵ 도표를 보면서 실습해 봅시다.

아담, 노아, 방주, 아브람, 양	무슨 용어입니까 ?
영혼, 마음, 천국. 사랑, 진리	무슨 용어입니까 ?

✷ 질문의 답

아담, 노아, 방주, 아브람, 양	무슨 용어입니까 ?
영혼, 마음, 천국, 사랑, 진리	무슨 용어입니까 ?
아담, 노아, 방주, 아브람, 양	육적 용어
영혼, 마음, 천국, 사랑, 진리	영적 용어

✷ 도표를 보면서 실습해 봅시다.

성 경 본 문		무슨 용어입니까?	무슨 용어입니까?
레위기	4장 3절	수송아지	
레위기	3장 12절	염 소	
요한복음	1장 29절	어 린 양	예 수 님
요한복음	15장 1절	포도나무	
고린도전서	10장 4절	반 석	

내가 보는 글이 한글인지, 한문인지, 영어인지를
구별할 수 있어야 글을 읽을 수 있는 것처럼
성경해석은 영의 눈에 육적용어와 영적용어를
구별하는 것에서부터 시작합니다.

육신의 눈에   어린양이 보입니다.   어린양은 육적용어 입니다.
영의 눈에는 예수님이 보입니다.   예수님은 영적용어 입니다.

성경에 기록된 육적용어는 반드시 영적용어가 있습니다.

에베소서 5장 26절처럼

물과 말씀이 동시에 기록되어 있다면

성경에서 말하는 짝이란?   육적용어와 영적용어가 **짝입니다.**
그러므로 성경을 보는 눈은 육적용어와 영적용어를
구별하는데서 부터 시작됩니다.

성경에 기록된 육적용어의 짝인 영적용어를 **찾지 못하면**
육신을 살리는 반석의 물은   **먹을 수 있지만**
영혼을 살리는 말씀을 생명의 양식으로 **먹을 수 없습니다.**

☑️ 요한복음 6장 63절 읽어 봅시다

> **요한복음 6장 63절**
> 살리는 것은 영이니 육은 무익 하니라
> **내가 너희에게 이른 말이** 영이요 생명 이니라

설교는 육신이 듣고 **이해하고 순종하는 것이 아니고**
영혼이 듣고 영혼이   **순종하는 것입니다.**

육적용어와 영적용어를 **구별하지 못하면**
하나님께서 육적용어를 **사용하여 말씀하시려는**
영적실체를 **찾을 수 없습니다.**

육신의 눈으로   반석에서 나오는 물을 보고 **있으면서**
영의 눈에 예수님의 입에서 **나오는 말씀으로 보여 지면**
영안으로 성경을 보고 성경을 해석하고 **있는 것입니다.**

제 3 강
성경 해석하는 방법

요한복음 5장 39절

 마태복음 28장 19-20절 읽어 봅시다

> **마태복음 28장 19-20절**
> 너희는 가서 **모든 민족을 제자로 삼아**
> **아버지와 아들과 성령의 이름으로 세례를 베풀고**
> 내가 너희에게 **분부한**
> **모든 것을 가르쳐 지키게 하라**

예수님께서 **3년 동안** 제자들을 **가르치시고**
승천하시면서 마지막으로 하셨던 말씀은
너희가 **배운 것을 가르쳐 지키게 하라는 명령**이었습니다.

이 명령은
1. 전도하여 하나님의 자녀들을 **만들어라**
2. 하나님의 자녀들에게 성경을 **가르치라**
3. 성경말씀을 보고 순종할 수 있는 자녀로 **만들라**
4. **가르칠 수 있는** 제자 곧 스승을 만들라는 **명령입니다.**
   이 명령에 순종하기 **위해서는**

예수님께서 제자들에게 **가르쳐 주셨던**

    1. 성경을 보는   방법과

    2. 성경을 해석하는 방법을 **알아야 합니다.**

예수님의 명령에 따라 초대교회는

성경 전수와 **함께 성경을 해석하는 방법이 전해져 내려왔습니다.**

그러나 오늘 우리에게는 성경은 **전해지고 있지만**

    성경을 보는 방법과

    성경을 해석하는 방법은 **전해지지 않고 있을 뿐만 아니라**

    성경해석을 전하려거나, 배우려는 생각도 **하지 않고 있습니다.**

스스로 성경을 해석하지 못하면

    1. 성경을 읽고 **생각하지만**

        내 생각이 **옳은지, 잘못된 것인지 모르며**

    2. 설교를 **들으면서**

        그 말씀이 진짜인지, 가짜인지를   **모르며**

    3. 이단들의 **속임수를 분별할 수 없습니다.**

이 시간 배울 제 3 강은 성경을 해석하는 방법입니다.

제 3 강
성경 해석하는 방법

요한복음 1장 29절

전 시간에   1. 성경이 어떠한 방법으로 기록되었는지

          2. 성경을 어떻게 보아야 하는지를 배웠습니다.

성경 해석하는 방법을 배우기 전에

성경을 보는 눈과

성경을 해석하는 실력이 어느 정도인지 테스트 해봅시다.

☑ 레위기 4장 3절 읽어 봅시다

> ### 레위기 4장 3절
> 기름 부음을 받은 제사장이 범죄하여
> **백성의 허물이 되었으면**
> 그가 범한 죄로 말미암아 흠 없는 수송아지로
> 속죄제물을 삼아 여호와께 드릴지니

레위기 4장 3절을 풀어봅시다.

백성의 대표자인 제사장이 죄를 지었을 때

                죄의 처리에 대한 문제입니다.

☑ 질문 1 레위기 4장 3절을 읽고 물음에 답하시오

> ### 질 문 1
> 제사장이 죄를 지으면
>   무슨 제물을 드려야 용서를 받습니까?

답 : 흠 없는 수송아지와 피의 제사를 드립니다.

질문 2

질 문 2

우리가 죄를 짓고
흠 없는 수송아지를 드리면 용서를 받습니까?

답 : 오늘 우리는 수송아지의 제사를 **드릴수도 없습니다.**
혹 수송아지의 제사를 드린다고 해도 죄 용서를 **받지 못합니다.**

성경은 살아있는 말씀으로
하나님께서 **지금** 나에게 명령하고 **있기 때문에**
내가 **지금 순종해야 합니다.**

하나님말씀에 순종하지 않으면 하나님께 **죄를 짓는 것입니다.**
내가 **지금 순종할 수 없는** 말씀이라면
성경은 죽은 말씀이 **됩니다.**

 질문 3

질 문 3
우리의 죄는 어떻게 사함을 받게 됩니까?

답 : 예수님께서 십자가에서 **흘리신** 대속의 피로 용서함을 **받습니다.**

☑️ 에베소서 1장 7절 읽어 봅시다

에베소서 1장 7절
우리는 그리스도 안에서
그의 은혜의 풍성함을 따라
그의 피로 말미암아 속량 곧 죄 사함을 받았느니라

레위기 4장 3절의 성경 공부를 하고 있다면
답은 성경의 문자 그대로 흠 없는 수송아지의 피가 맞습니다.

그러나 하나님께서 지금 나에게 주시는 살아있는 말씀이라면
지금 내가 순종해야 합니다.

또 내 영혼의 생명의 양식으로 먹으려면
송아지의 피가 아닌
예수님께서 십자가에서 흘리신 피가 되어야 합니다.

내 영혼이 성경을 읽는 이유나, 설교를 듣는 목적은
그 말씀을 생명의 양식으로 먹기 위함입니다.

수송아지는 육적용어입니다.
육적용어는 반드시 영의 눈이 열려야
하나님께서 말씀하시려는 것을 찾을 수 있습니다.
그러므로 육신의 눈으로 흠 없는 수송아지의 피로 읽고 있지만
영의 눈에는 예수님의 피로 보여 져야 합니다.

본문을 읽으면서 흠 없는 수송아지의 피만   보여 지거나
그렇게 설교를 하면 그것은 이야기로만 남게 됩니다.
사람, 역사 이야기는 지금 우리가 지식으로는 알 수 있지만
영혼이 순종할 수 없기 때문에 생명의 양식으로 먹을 수 없습니다.

✳ 성경공부, 이야기, 설교의 차이점

성경공부, 이야기	설 교
들을 때 재미있다	하나님의 명령이다
본문을 행동으로 옮길 수 없다	본문을 행동으로 옮길 수 있다
죽은 말씀이다	살아있는 말씀이다
양식으로 먹을 수 없다	양식으로 먹을 수 있다

성경공부와 이야기의 차이점

이야기

　　귀로 들을 때는 재미가 있고 은혜가 되는 것 같지만
　　지금 우리는 송아지를 제물로 드릴 수 없기 때문에
　　　　　　　　　　　　　　순종할 수 없습니다.
　　순종할 수 없는 말씀은 죽은 말씀입니다.

설교

　　하나님께서 지금 나에게 주시는 살아있는 말씀으로
　　　　　지금 나에게 명령하고 있기 때문에
　　그 말씀을 읽거나 설교를 들을 때 바로 순종할 수 있습니다.
　　순종할 수 있는 말씀은 살아있는 말씀 입니다.

레위기 4장 3절을 읽을 때

육신의 눈에 **흠 없는** 수송아지의 피만 **보이면**

　　　이야기로 **행동으로** 옮길 수 없어 죽은 말씀이 **됩니다.**

　영의 눈이 **열려** 흠 없는 예수님의 피가 **보여** 지면

　　　그 말씀은 **지금** 영혼이 생명의 양식으로 **먹을 수 있습니다.**

☑ 레위기 16장 19절을 읽고 물음에 답하시오

> ### 레위기 16장 10절
> 아사셀을 **위하여 제비 뽑은**
> 염소는 **산 채로** 여호와 앞에 두었다가 그것으로 속죄하고
> 아사셀을 **위하여** 광야로 보낼지니라

아사셀은 제사장이나 백성이 죄를 **지으면** 두 마리 염소를 준비하여

　　　하나는 죄를 위한 속죄 제물로 불에 **태우고**

　　　하나는 그 위에 백성의 죄를 **안수하여**

　　　　　죄를 전가시킨 후 광야로 **멀리 보냅니다.**

이렇게 하시는 이유는 지은 죄를 용서해 줄 뿐만 **아니라**

　　　　　　　지은 죄를 기억하지도 **않으신다는 것입니다.**

레위기 16장 10절을 읽고 물음에 답하시오

질문 : 제사장이나 백성들이 죄를 지으면 누가 죄를 지고 갑니까?

　답 : 염소 입니다.

☑️ 요한복음 1장 29절 읽어 봅시다

레위기 16장 10절
아사셀을 위하여 제비 뽑은
염소는 산 채로 여호와 앞에 두었다가 그것으로 속죄하고
아사셀을 위하여 광야로 보낼지니라

요한복음 1장 29절
이튿날 요한이 예수께서 자기에게 나아오심을 보고
이르되 보라 세상 죄를 지고 가는
하나님의   어린 양이로다

구약의 레위기 16장 10절과 신약의 요한복음 1장 29절을 함께 두고
성경에서 답을 찾는 것이
성경을 성경으로 해석하는 방법입니다.
성경해석의 답은 반드시 성경 안에 있습니다.

염소는 육적용어로 역사 속에서는 진짜 입니다.

레위기 16장 10절을 가지고 예수님을 전해주려면
염소는 예수님을 설명해 주기 위해 사용되는 그림자 입니다.
이때 염소는 육적용어이고 예수님은 영적용어 입니다.

육신의 눈에 염소라는 단어와
영의 눈에 예수님의 단어의 답을 함께 볼 수 있으면
누구든지 성경을 해석 할 수 있습니다.

질문 : 죄를 누가 지고 갑니까?   답 : 예수님 입니다.

레위기 16장 10절은   염소가 죄를 **지고 갑니다.**
요한복음 1장 29절은 예수님이 죄를 **지고 갑니다.**
죄를 염소가 지고 갑니까?   예수님이 **지고 갑니까?**
예수님께서 **지고 갑니다.**

레위기 16장 10절의
성경공부나 역사나 이야기에서의   답은   염소 입니다.
설교나 생명의 양식으로 **먹기 위한**   답은   예수님 **입니다.**

염소는 육적용어 입니다.
육적용어를 설교나 생명의 양식으로 **만들려면**
반드시 영의 눈이 **열려있어야** 영적용어를 **찾을 수 있습니다.**

레위기 16장 10절이
염소로만 **보여 지면 그것은 행할 수도 없고**
생명의 양식으로 먹을 수도 **없기 때문에**
이야기와 죽은 말씀이 **됩니다.**

레위기 16장 10절이
육신의 눈으로 **볼 때는 염소로 보이지만**
영의 눈에   예수님으로 **보이면**
그 말씀은 지금 내가 영혼의 생명의 양식으로 **먹을 수 있습니다.**

이것이 성경이 **가르쳐주는**   성경   해석방법 입니다.
성경을 보는 눈만 **열려도 이렇게 성경이 해석되어 집니다.**

육신의 눈으로 성경을 **잘 읽고**, 성경을 **모두 암송해도**
　영의 눈이　　**열리지 않아**
하나님께서 말씀하시려는 영적실체를 **알지 못하면**
성경을 해석할 수 **없고**, 하나님의 뜻을 **찾을 수 없습니다.**

　성경해석의 원칙이 있습니다.

　1. 성경은 **성경으로 해석해야 합니다.**
　　(원칙은 맞지만 육적용어를 육적용어로 해석하면 **틀린 답입니다.**
　　　　　　　육적용어를 영적용어로　**찾아야 맞는 답입니다.**)
　2. 성경해석의 답은 성경 안에 **있습니다.**
　3. 성경해석의 답을 성경 밖에서 **가져오면 가짜 입니다.**

　예,　흠 없는 양은 누구를 말합니까?　예수님 **입니다.**
　　　　　　　왜 예수님입니까?
　　　　　성경이 예수님이라고 **가르쳐 주고 있기 때문입니다.**

✅ **베드로 전서 1장**
19 오직 **흠 없고 점 없는 어린 양 같은**
　　그리스도의 보배로운 피로 된 것이니라

　　　양을 통일교**에서는**　문선명이다.
　　　신천지**에서는**　이만희라고 **말합니다.**

　　　맞는 답입니까? 틀린 답입니까?　**틀립니다.**
　　　　　왜? 틀린 답입니까?　성경에 없기 때문에

AD 397년 성경이 정경으로 **선포된 이후**
구원의 문제에 **대해서 모든 답은 성경 안에 있습니다.**
            그러므로 답을 성경 밖에서 **가져오면 가짜 입니다.**

 읽고 영적 용어를 찾아봅시다.

> 요한복음 1장 29절
> **이튿날 요한이 예수께서 자기에게 나아오심을 보고 이르되**
> **보라 세상 죄를 지고 가는 하나님의 어린 양이로다**
>
> 요한복음 15장 1절
> **나는 참 포도나무요 내 아버지는 농부라**
>
> 고린도전서 10장 4절
> **다 같은 신령한 음료를 마셨으니 이는 그들을 따르는**
> **신령한 반석으로부터 마셨으매 그 반석은 곧 그리스도시라**

위의 성경을 육신의 눈으로 **읽을 때 단어 그대로**
            어린양, 포도나무, 반석, 예수님이 **보입니다.**

            어린양, 포도나무, 반석은
            누구를 **가르쳐주려고** 사용하고 있는 것입니까?
        답 : 예수님입니다.

성경공부나 이야기에서는
            육신의 눈에 **보이는 글자 그대로**
                        어린양, 포도나무, 반석이 **맞습니다.**
        그러나 영의 눈으로 볼 때는 예수님이 **맞습니다.**

✦ 공부해 봅시다.

성 경 본 문		성경공부의 답	생명의 양식의 답
레위기	4장 3절	수송아지	
레위기	3장 12절	염 소	
요한복음	1장 29절	어 린 양	예 수 님
요한복음	15장 1절	포도나무	
고린도전서	10장 4절	반 석	

육신의 눈으로 **보는** 성경 공부와 역사에서의 **답은**

수송아지, 염소, 어린양, 포도나무, 반석 **입니다.**

영의 눈으로 **보는** 생명의 양식과 살아있는 말씀에서의 **답은**

예수님 **입니다.**

역사 속에 진짜 있었던 수송아지, 염소, 어린양, 포도나무, 반석이

설교나 생명의 양식에서 왜?   예수님이 되어야 합니까?

 요한복음 5장 39절 읽어 봅시다

요한복음 5장 39절
**너희가 성경에서 영생을 얻는 줄 알고
성경을 연구하거니와**
이 성경이 내게 대하여 **기록한 것이다**

성경은 육신의 눈에 **보이는**

　　　송아지, 염소, 어린양, 포도나무, 반석을

　　　　　전해주려고 기록한 것이 아닙니다.

예수님께서 제자들에게 성경을 보는　　**방법과**

　　　　　성경을 해석하는 방법을 **가르쳐 주시면서**

구약 성경의 본문은 **역사 속에서는 이런 것들이** 진짜지만

이런 것들을 사용하여

예수님의 영혼 구원하는 방법을 **가르쳐 주고 있다고 말씀하십니다.**

그러므로 육신의 눈으로 역사, 사람, 사물을 **읽고 보고 있지만**

　　　　　영의 눈으로 역사, 사람, 사물 속에서

　　　　예수님과 영혼구원 받는 **방법을 찾으라고 하셨습니다.**

역사 속에서는 육신의 눈에 보이는

　　　　　송아지, 염소, 어린양, 포도나무, 반석이 진짜 **입니다.**

그러므로 성경공부나 이야기에서는 **문자 그대로 전해주어야 합니다.**

하나님께서 **가르쳐 주시고사 하는 것은**

역사 속에 실존하는 **그것들을 사용하여**

구원자이신 예수님에 대해서 **가르쳐 주시고자 하는 것입니다.**

성경에서 **말하는** 진짜는 무엇입니까?

역사 속에서는 육신의 눈에 **보이는 것이** 진짜 **입니다.**

영의 세계의 위치에서는

하나님께서 사람과 사물을 **사용하여**
말씀하시려는 영적실체가 진짜 **입니다.**

성경해석은 ?
1. 하나님께서 말씀**하시려는** 영적실체와
2. 하나님께서 말씀**하시려는** 하나님의 뜻을 **찾는 것입니다.**

하나님께서 영의 세계의 일을 사람과 사물을 **사용하여**
육적용어로 성경을 기록하셨기 **때문에**
육신의 눈으로 보면 사람과 사물이 **보입니다.**

그러므로 사람과 사물을 **사용하여** 말씀하시려는
영적 실체인 예수님과 영혼을 찾지 **못하면**
성경을 해석 할 수 **없습니다.**

그림자를 **해석 할 수 있도록**
하나님께서 성경 안에 성경 해석하는 방법과
하나님께서 말씀**하시려는** 영적실체의 답을 **기록해 두셨습니다.**

성경해석 **첫 번째 방법은**
육신의 눈에 **보이는 사람과** 사물에서
예수님과 영혼구원 받는 방법을 **찾는 것입니다.**

요한복음 11장을   육신의 눈으로 보면
나사로가 살아난 사실이 **기록되어 있습니다.**

요한복음 11장은

　나사로의 살아난 사건을 우리에게 **전해주려고**

　　　　기록한 것이 아닙니다.

요한복음 11장**은**

　나사로의 사건을 비유로 **사용하여** 죽은 내 영혼이

　예수님을 **믿으면** 살아나게 되는 것을

　　　가르쳐 주시기 위해 기록한 것입니다.

제자훈련은　교회 일군을 만드는 **훈련이 아닙니다.**

제자훈련은 성경을 **보는 방법과**

　　　성경을 해석하는 방법을 가르쳐

　　　성경을 성경으로 해석하여

　　　하나님의 뜻을 알고 스스로 순종하게 하는 것입니다.

제 4 강
사물속의 비밀 찾기

창세기 1장 2절

아담이 눈을 **떴을 때**
아담의 눈에 **가장 먼저 들어 온 것은** 무엇이었을까?
아름다운 에덴동산**이었습니다.**

창세기 1장을 보면
　　　첫 번째 아담의 귀에 **창조주 하나님의 음성이** 들려왔고
　　　두 번째 사물들의 아름다움이 눈에 **보였습니다.**

　　　아담이 **창조되었을 때** 말을 할 수 있었지만
　　　아담과 하나님과의 **교통의 시작은 말보다 먼저**
　　　육신의 눈에 **보이는** 사물들을 통하여 교통이 시작됩니다.

 로마서 1장 20절 읽어 봅시다

로마서 1장 20절
창세로부터 그의 보이지 아니하는 것들
곧 그의 영원하신 능력과 신성이
그가 **만드신 만물에 분명히 보여 알려졌나**

글이 있기 전에

하나님께서 아담의 육신의 눈에 **보이는** 사물을 **사용하여**
하나님의 뜻과 영의 세계의 일을 **알게 하셨습니다.**

이 시간 배울 4강은 사물 속에 감추어진 비밀입니다.

제 4 강
사물속의 비밀찾기
창세기 1장 2절

하나님께서 성경을 **기록하실 때**
영의 세계의 영적 용어와
육신의 세계의 육적 용어를 **사용하여 기록하셨습니다.**

영의 세계는 육신의 눈으로 **볼 수 없고,** 만질 수도 없고,
영의 세계의 용어는 **사람들이 알아들을 수 없습니다.**

그러므로 하나님께서 **인간을 구원하기 위해서**
사람들이 육신의 눈으로 **보고, 이해할 수 있는**
사람들과 사물을 **사용하여** 육적용어로 성경에
하나님의 뜻을 **기록하였는데**
영의 실체의 **위치에서 볼 때 이를** 비유라고 **말합니다.**

⊕ 터치

성경해석도구

⊕ 읽어 봅시다

성경 안에는   영의 세계의 영적용어와
육신의 세계의 육적용어들이 **기록되어 있습니다.**

영적용어와 육적용어가 **같은 단어로 사용되는** 단어들이 있습니다.

성경 안에 있는 영적용어를 **제외하면**
육적용어만 **남게 됩니다.**

남게 되는 육적용어는 **둘로 나누어지는데**
하나는 사람이고   하나는 사물 **입니다.**

✸ 사람, 사물 구별하기 읽어 봅시다

노아, 모세	?
방주, 성막	?
나	?
양, 돌, 물, 나무	?

사람과 사물을 **구별해 봅시다.**
사람을 제외한 모든 것은 사물로 **분류하면 됩니다.**

✸ 답

노아, 모세	사 람
방주, 성막	사 물
나	사 람
양, 돌, 물, 나무	사 물

답 : 노아, 모세는 사람이고
　　방주, 성막은 사물 **입니다.**
　　양, 돌, 물, 나무는 무엇입니까? 사물 **입니다.**

　　성경에 기록된 육적용어 중에서
　　사람을 **제외하면** 사물만 **남게 됩니다.**

하나님께서 사물을 **사용하여** 성경을 **기록하고** 있는 이유는
영혼구원에 **대해서** 사람을 **사용하여** 설명해 주시지만
사람으로 **설명하기** 부족한 부분들이 많이 있습니다.
그러므로 사물을 **사용하여** 조금 더 쉽게
영혼구원에 **대해** 가르쳐 주시려는 것입니다.

'예'   순결의 뜻을 **전해주기** 위해서 – 비둘기를 **사용합니다.**
흠 없다는 뜻을 **전해주기** 위해서 – 어린양을 **사용합니다.**

순결과 흠 없다는 영적용어이고 비둘기, 어린양은 육적용어**입니다.**

순결과 흠 없다는 영적용어로 육신의 눈으로 **볼 수 없습니다.**
그러므로 육신의 눈에 **보이는** 사물인 비둘기, 어린양을 **사용하여**
순결과 흠 없다는 것을 가르쳐주는 것입니다.

✳ 읽어 봅시다

요한복음 2장 21절
예수는 성전 된 **자기 육체를 가리켜 말씀하신 것이라**

이사야 5장 7절
만군의 여호와의 포도원은 이스라엘 족속이요
그가 기뻐하시는 나무는 유다 사람이라

요한복음 15장 1절
나는 참포도나무요 **내 아버지는 농부라**

✴ 공부해 봅시다.

성 전	예 수 님
포 도 나 무	유 다 사 람
사 물	사 람
육 적 용 어	영 적 용 어

사람과 사물 구별하기

성전과 포도나무는 사물 **입니다.**

예수님과 유다사람은 사람 **입니다.**

성전,　　포도나무, 예수님,　유다사람은 **모두** 육적용어지만

성전과 포도나무는 예수님과 유다사람을

가르쳐 주려고 사용하고 있기 때문에

성전과 포도나무는 육적용어가 되고

예수님과 유다사람들은　　영적용어가 **됩니다.**

그러므로 육신의 눈에 보이는 사물인 성전과 포도나무는

예수님, 유대사람, 사람, 나, 등으로 **바꾸어 주어야** 성경이 해석**됩니다.**

 요한복음 5장 39절 읽어 봅시다

요한복음 5장 39절

너희가 성경에서 영생을 **얻는 줄 생각하고**

성경을 **연구하거니와**

이 성경이 곧 내게 대하여 증언하는 것 이니라

하나님께서 성전과 포도나무를 **전해주려고**
성경을 **기록한 것이 아닙니다.**

성경은 구원자이신 예수님과 내 영혼구원 받는 방법을
가르쳐 주려고 기록한 것이기 때문에
사물은 **반드시 예수님, 유대사람, 사람, 나, 등으로**
바꾸어 주어야 합니다.

 창세기 1장 2절 읽어 봅시다

> **창세기 1장 2절**
> 땅이 **혼돈하고 공허하며 흑암이 깊음 위에 있고**
> 하나님의 영은 **수면 위에 운행하시니라**

창세기 1장 2절에 **등장하는 땅을 해석해 봅시다.**
땅은 **무슨 용어입니까?** **육적용어** 입니다.
땅은 **사람입니까? 사물입니까? 사물** 입니다.

앞에서 배운 대로 하면
땅은 **사물인 육적용어이기** 때문에
성경을 해석하려면 반드시 **영적용어를 찾아야** 합니다.
땅의 영적용어는 **사람** 입니다.

성경공부나 역사를 공부하고 있다면 육신의 눈에 **보이는 그대로**
하나님께서 **처음 땅을 창조하실 때의 모습인 땅은 땅** 입니다.

예수님께서 **가르쳐주신** 성경해석 방법인

너의 영혼구원의 모습을 **찾으라는** 말씀에 순종하려면

창세기 1장 2절의 땅을 내 영혼으로 **바꾸어 주어야 합니다.**

성경해석이나 문제의 답은 성경 안에 있습니다.

✹ 읽어 봅시다

마태복음 4장 15~16절

스불론 땅과 납달리 땅과 요단 강 저편 해변 길과

이방의 갈릴리여 흑암에 앉은 백성이 큰 빛을 보았고

사망의 땅과 그늘에 앉은 자들에게 빛이 비치었도다 하였느니라

유다서 1장 6절

자기 지위를 지키지 아니하고 자기 처소를 떠난 천사들을

큰 날의 심판까지 영원한 결박으로 흑암에 **가두셨으며**

에베소서 2장 1절

허물과 죄로 죽었던 너희

그림으로 그리면서 설명하기

1. 마태는 창세기 1장2절 땅의 모습을 **예수님 당시**

   갈릴리 반대편에 있는 이방인들과 **연결시켜**

   죽은 영혼으로 **비유합니다.**

2. 예수님의 동생 유다는

   하늘에서 범죄하고 흑암 속에 갇힌 **천사들로 비유합니다.**

3. 바울은 **이방 교회였던** 에베소 교인들로 **비유합니다.**

4. 사도요한은 예수님 **당시 유대인들로 비유하여**
   어두움에 있는 그의 백성들에게 **빛이 비추었다고 말합니다.**

☑️ 요한복음 1장
4 그 안에 생명이 있었으니 이 생명은 **사람들의 빛이라**
5 **빛이 어둠에 비치되** 어둠이 깨닫지 못하더라

✴ 읽어 봅시다

사 물	사 람 (죽은 영혼)
땅	출애굽하는 유대인, 이방인, 타락한 천사

창세기 1장 2절
육신의 눈으로 **보면**
성경공부나 역사에서 하나님께서 **창조하실 때의** 땅이 **맞습니다.**

영의 눈으로 **보면**
영혼구원의 성경해석이나 설교에서는
하나님께서 **흑암 속에 갇혀있는** 땅의 **모습을 통해**
출애굽하기 전 430년 동안 애굽에서 바로를 섬기며 죽어가는
이스라엘 백성들의 죽은 영혼의 모습을
흑암 속에 갇힌 땅의 **모습을 통해 보여주고 있습니다.**

창세기 1장 2절의 땅을 **보면서**
죽어가는 내 영혼의 모습을 **보지 못하면**
성경을 **읽어도** 이 말씀을 영혼의 생명의 양식으로 **먹을 수 없습니다.**

육신의 눈으로 창세기 1장 2절의 땅을 **보면서**
세상 속에서 죽어가는 내 영혼의 모습을 **볼 수 있어야 합니다.**

✴ 읽어 봅시다

창세기 1장 2-3절
땅이 혼돈하고 공허하며 흑암이 깊음 위에 있고
하나님의 영은 수면 위에 운행하시니라
하나님이 **이르시되** 빛이 있으라 하시니 빛이 있었고

마태복음 9장 13절
나는 **의인을 부르러** 온 것이 아니요 죄인을 **부르러 왔노라**

요한복음 1장 4-5, 9절
그 안에 생명이 있었으니 이 생명은 사람들의 빛이라
빛이 어둠에 비치되 어둠이 깨닫지 못하더라
참 빛 곧 세상에 와서 각 사람에게 비추는 빛이 있었나니

육신의 눈으로 **보면** 흑암에 **갇혀있는**
땅에게 빛을 **비추기 위해**
수면위에 운행하시는 하나님의 **모습입니다.**

땅이 내 영혼이라면 무슨 모습이 그려집니까?

어두운 세상에 살면서 허물과 죄로 죽은 나를
살리려고 이 세상에 오시는 예수님의 모습입니다.

창세기 1장 2~3절의 흑암의 땅에 비추는 빛이

1. 마태복음 4장 15절 에서는　　이방 백성에게　빛이 비취고
2. 요한복음 1장　5절 에서는　　유대인들에게　빛이 비취고
3. 에베소서 5장　8절 에서는 에베소 교인들에게　비췹니다.

육신의 눈으로 창세기　1장 2~3절을 보고 있지만
영의 눈은　요한복음 1장 4~5절로 보여 져야 합니다.
이렇게 영의 눈이 열려져야
창세기 1장 기사가 허물과 죄로 죽은 내 영혼을
하나님의 형상대로 새롭게 만들어
천국에 들어가도록 만들어 주시는
영혼구원의 모습으로 볼 수 있어야 합니다.

✳ 읽어 봅시다

창세기 1장 27절
하나님이 자기 형상 곧 하나님의 형상대로
사람을 창조하시되 남자와 여자를 창조하시고

골로새서 3장 1, 10절
너희가 그리스도와 함께 다시 살리심을 받았으면
새 사람을 입었으니
이는 자기를 창조하신 이의 형상을 따라
지식에까지 새롭게 하심을 입은 자니라

바울의 **성경해석의 눈으로** 창세기 1장을 **보면**

흑암 속에 갇힌 땅은 옛사람을 **말하고**
하나님의 형상으로 **만들어진 사람은** 새사람을 **말합니다.**

창세기 1장을 육신의 눈으로 **보면**
천지창조에 대한 **기록이 맞습니다.**

창세기 1장을 영의 눈으로 **보면** 영혼구원 이야기로
허물과 죄로 죽은 내 영혼 곧 옛사람을
하나님의 형상으로 **새롭게** 새 사람으로 **만들어 주시는**
내 영혼을 구원해 주시는 방법을 **기록한 것입니다.**
그러므로 성경을 영혼구원의 책이라고 **말합니다.**

아담과 하와를 창조하신 후 무엇을 주셨습니까? 에덴동산 **입니다.**
육신의 눈으로 에덴동산을 보면 사물 **입니다.**
영의 눈으로 에덴동산을 보면 **천국 입니다.**

천국은 영에 속한 것으로 **사람들이 볼 수 없기 때문에**
육신의 눈에 **보이는** 에덴동산을 **사용하여 설명해 주십니다.**

창세기 2장에 나오는 에덴동산은 **이 세상에 살면서**
예수님 믿고 옛사람을 벗어버리고
하나님의 형상대로 새사람 된 자녀들에게 **주시고자 하는**
천국의 축복을 보여주는 것입니다.

창세기 1장의 하나님께서 **창조 기사 속에 감추어두신**

영혼 구원받는 방법을 **알기 위해서는**

육신의 눈에 **보이는** 땅 (사물)을

영의 눈에 **보이는 사람 곧** 내 영혼으로 **바꾸어 주어야**

하나님의 뜻을 **찾을 수 있습니다.**

성경 66권을 **창세기부터 요한계시록까지 순서대로 글자를 따라**

46만개의 단어를 보고, 읽기 **때문에**

성경을 **어렵다고 생각합니다.**

성경을 **글로만 보지 말고**

하나님께서 아담에게 **처음 에덴동산의 사물을 보여주시면서**

교통하셨던 것처럼

성경 문장들을 그림으로 **만들어서 보면** 성경을 **쉽게 볼 수 있습니다.**

성경 안에는 사물을 그림으로 **담을 수 있는**

시대별로 나타나는 7개의 사물이 **있습니다.**

✳ 도표를 봅시다.

	1	2	3	4	5	6	7
	구 약 시 대				신 약 시 대		
사 물	에덴동산	방 주	성 막	성 전	성 전	교 회	거룩한성
사 람	아 담	노 아	모 세	가나안	예수님	나	신 부

성경 66권을 7등분으로 나눈 것 안에는

    1. 시대를 7 시대를 나누었고

    2. 성경을 통해 보여주는 중요한 7개의 사물이 있고

    3. 역사 속에 등장하는 대표적인 7명의 사람들이 있습니다.

대부분 성경을 66권으로 나누어

창세기부터 요한계시록까지 순서대로 성경을 연구 합니다.

성경 66권을 위의 도표와 같이 7등분으로 나누어

시대, 사람, 사물의 도표를 만들면 성경을 한 눈에 담아 볼 수 있습니다.

하나님께서 영혼구원과 하나님의 뜻을

    역사 속에 살던 사람을 등장시켜 가르쳐 주시지만

        사람으로 가르쳐 주는 것은 한계가 있기 때문에

        사물을 사용하여 가르쳐 줍니다.

 육적용어는 사람과 사물을 이용하여 기록된 단어들을 말합니다.

사물 속에 감추어진 비밀을 푸는 방법은

사물이 나오면 1차는 사람으로 바꾸어주고,

        2차는 사람을 영혼으로 바꾸어 주면

        성경을 쉽게 해석할 수 있을 뿐만 아니라

        성경역사를 영혼구원의 기사로 바꿀 수 있습니다.

제 5 강
영혼의 생명의 양식

요한복음 1장 29절

✦ 이야기와 생명의 양식의 차이

이 야 기	생명의 양식
듣고 머리에 저장할 수 있지만 오늘 행동으로 옮길 수 없다	듣고 마음에 저장하여 오늘 행동으로 옮길 수 있다
죽은 말씀	살아 있는 말씀

똑같은 본문을 가지고 설교를 하지만
어떤 사람은 이야기를 전해주고
어떤 사람은 영혼이 먹을 수 있는 생명의 양식을 전해줍니다.

똑같이 성경을 읽지만
어떤 사람은 역사와 이야기를 읽고 머리에 기억으로 저장하고
어떤 사람은 생명의 양식으로 먹고 마음에 저장합니다.

성경은 누구나 읽을 수 있고 설교를 할 수 있습니다.
그러나 성경을 생명의 양식으로 먹고, 또 전해주기 위해서는
반드시 육신의 눈과 귀   뿐만 아니라
영혼의 눈과 귀가 열려 있어야 합니다.

영의 눈이 보이는가의 점검은 한글로 기록된 성경의 글자를
육적 용어와 영적 용어를 구별하는데서 부터 시작됩니다.

이 시간 배울 내용 제 5 강은   영혼의 생명의 양식입니다.

제 5 강
영혼의 생명의 양식

요한복음 1장 29절

영의 눈의 기능이 무엇입니까?
영의 세계를 보고 교통하는 기능으로
가장 먼저 접하게 되는 것이 문서로 기록된 성경을 보는 눈입니다.

우리는 영의 눈으로 성경을 보고 해석하는 방법에 대해서 배웠습니다.
내가   영의 눈으로 성경이 보여 지고
해석이 되어 진다는 사람은 손을 들어 보세요?

내 영의 눈이 보이고 귀가 열려 있는지를 **테스트해 봅시다.**

✅ 창세기 12장 1절 읽어 봅시다

> ### 창세기 12장 1절
> **여호와께서** 아브람에게 **이르시되**
> **너는** 너의 고향과 친척과 아버지의 집을 **떠나**
> **내가 네게 보여 줄 땅으로 가라**

창세기 12장 1절은
하나님께서 **갈대아 우르에 살고 있던 아브람에게 나타나셔서**
고향, 친척, 아버지의 집을 **떠나** 보여줄 땅으로 **가라고 하십니다.**

창세기 12장 1절은
여호와께서 **누구에게** 말씀하고 있습니까?

아브람에게 **말씀하십니다.**

창세기 12장 1절을 **읽으면 대부분의 사람들은**
아브람이 보이고 아브람만 기억에 남게 됩니다.
이런 사람은 육신의 눈은 **보이지만**
영의 눈은 **보이지 않는 것입니다.**

예수님께서 제자들에게 성경을   보는 방법과
성경을 해석하는 방법을 **가르쳐 주셨습니다.**

☑ 요한복음 5장 39절 읽어 봅시다

요한복음 5장 39절
너희가 성경에서 영생을 얻는 줄 **생각하고**
성경을 연구하거니와

창세기 12장 1절을 육신의 눈으로 **보면**
하나님께서 아브람에게 **명령하신 말씀입니다.**

예수님께서 제자들에게 **가르쳐 주신** 성경을 보는 방법은
아브람 이야기를 **알려고** 성경을 보지 말고

1. 영혼구원 받는 방법과
2. 예수님을 알기 위해 성경을 보라고 **말씀하십니다.**

성경 안에는 **역사와 역사 속에 살던 수많은 사람들이 등장하지만**
성경을 우리에게 **주실 때는**
역사 속에 **살았던 사람들을 전해주기 위해 기록한 것이 아니고**
영혼구원 받는 방법과
구원자이신 예수님에 대해서 **가르쳐 주려고 기록한 것입니다.**

예수님께서 **가르쳐주신 방법대로** 성경을 보면 **다음과 같습니다.**

✅ 창세기 12장 1절 읽어 봅시다

> 창세기 12장 1절
> 여호와께서 <u>아브람</u> (나, 영혼)에게 이르시되
> 너는 너의 고향과 친척과 아버지의 집을 떠나
> **내가 네게 보여 줄 땅으로 가라**

창세기 12장 1절을 육신의 눈으로 **보면** 아브람이 **보입니다.**

아브람은 육적용어이기 **때문에** 육적용어는 **반드시**
영적용어를 **찾아야** 하나님의 뜻을 찾을 수 있습니다.
영의 눈으로 **보면** 아브람은 나, 영혼 **입니다.**
나, 영혼으로 **바꾸면** 무엇이 달라집니까?

육신의 눈으로 **보면** 하나님께서　　　아브람에게 **말씀하십니다.**
영의 눈으로 **보면** 하나님께서 **지금**　　나에게 **말씀하십니다.**
이렇게 영의 눈으로 볼 수 있어야 창세기 12장 1절이
지금 나에게 **주시는** 살아있는 말씀이 되고, 생명의 양식이 **됩니다.**

✷ 공부해 봅시다.

육체의 눈	영의 눈
아 브 람	나, 영 혼
아　담	나, 영 혼
야　곱	나, 영 혼

육신의 눈으로 **보면** 아담, 아브람, 야곱이 보입니다.
　영의 눈으로 나, 영혼으로 **보여** 지면 영의 눈이 보이는 것입니다.

육신의 눈에 아담, 아브람, 야곱으로만 **보여** 진다면
　　　　역사와 사람이야기만 **아는** 것입니다.
　　　　역사와 이야기는 듣기는 재미있어도
　　　　내가 지금 아브람처럼 행할 수 없기 때문에
　　　　　　　　　그 말씀은 죽은 말씀이 **됩니다.**

하나님께서 말씀을 나에게 주실 때는
지금 나에게 순종하라는 **명령이기 때문에 나는 순종해야 합니다.**
　　　　내가 순종할 때 그 말씀은 **살아있는 생명의 양식이 됩니다.**

역사, 사람 이야기를 **오늘 내가** 순종할 수 있는
　　　하나님의 말씀으로 **바꾸는 방법은 간단합니다.**

　　　성경에 **등장하는** 역사, 사람들인
　　　아담, 아브람, 야곱을 나, 영혼으로 **바꾸어 주면 됩니다.**

　　　육신의 눈에 **보여 지는** 아담, 아브람, 야곱이
　　　영의 눈에 나, 영혼으로 **보여 져야**

　　　　1. 성경이 해석되어지고
　　　　2. 하나님의 뜻에 순종할 수 있습니다.

☑️ 영안 테스트, 마태복음 5장 13 ~ 14절 읽어 봅시다

> ### 마태복음 5장 13~14절
> 너희는 세상의 소금이니
> 너희는 세상의   빛이라

마태복음 5장 13-14절은

소금, 빛을 **말하는** 것일까요?

나, 영혼을 **말하는** 것일까요?   나, 영혼을 **말합니다.**

소금과 빛은 육적용어 **입니다.**

육적용어는   영적용어를 **찾아야** 합니다.

육신의 눈으로 **보면**   소금과 빛 **입니다.**

영혼의 눈으로 **보면** 나,   영혼 **입니다.**

☑️ 창세기 12장 1절을 생명의 양식으로 만들어 봅시다.

육신의 눈으로 볼 때	영의 눈을 볼 때
아 브 람	**나, 영혼**
고 향	세 상
친 척	**거짓, 욕심, 살인, 악**
아버지의 집	**마귀의 집, 지옥**
가 나 안	천 국
육 적 용 어	영 적 용 어

육신의 눈으로 보이는 아브람, 고향, 친척, 아버지의 집이
　영의 눈에　　　　나,　악,　마귀의 집,　지옥으로 보이면
　　　　　　　육적용어가 영적 용어로 해석된 것입니다.

성경해석을 바르게 했는지 알기 위해서는 풀어보아야 합니다.

교인들 중에 집, 부모, 형제, 자녀를 버리고 예수님 믿으라면
　　모두 버리고 예수님 믿을 사람 있겠습니까?　없습니다.

　　혹 믿음이 있어 집, 부모, 형제, 자녀를 버리고
　　한국을 떠나 가나안 땅으로 가면 천국에 들어갑니까?
　　육신의 눈에 보이는 말씀대로 순종할 수도 없지만
　　육신의 눈에 보이는 대로 순종해도 천국에 들어가지 못합니다.

　　육신의 눈에 보이는 역사나 이야기는
　　오늘 우리가 그대로 순종할 수 없는 것들이 많고
　　　　　또 순종한다고 해도 영혼구원을 받지 못합니다.

　　성경이 순종할 수 없는 역사나 이야기로 남는다면
　　　　　　　하나님 말씀은 죽은 말씀이 됩니다.

오늘 우리가 마귀를 버리고, 예수님을 믿고, 교회를 다니면서
　　　　　악을 버리고 선을 행할 수는 있습니다.
　　　　이렇게 하면 천국에 들어갑니다.　아멘

육적 용어를 영의 눈에 **보이는** 영적 용어로 **바꾸면**
　　　　　　살아있는 말씀이 **되고**
　　　　　　오늘 우리가 먹을 수 있고 **순종할 수 있습니다.**

창세기 12장 1절을 영의 눈으로 **보면**
　　　　　　하나님께서 **지금** 나에게
　　　　　　세상, 악, 마귀의 집을 떠나라고 명령하고 있기 때문에
　　　　　　우리가 순종하면 천국으로 들어 **갈수 있습니다.**
　　　　　　이렇게 영의 눈으로 **보는** 것이 성경해석 입니다.

똑같은 눈으로　　말씀을 **보고** 있지만
육신의 눈으로만 성경을 **보면** 역사나 이야기가 **되기 때문에**
지금 내가 순종할 수 없기 때문에 성경은 죽은 말씀이 **됩니다.**
　영의 눈으로 성경을 **볼 수** 있으면 성경은 생명의 양식이 되고
지금 내가 순종할 수 있는 살아있는 말씀이 **됩니다.**

✵ 읽어 봅시다

육신의 눈	영의 눈
창세기 12장 1절 **여호와께서** <u>아브람에게</u> **이르시되** **너는** 너의 고향과 친척과 아버지의 집을 **떠나** 내가 **네게** 보여 줄 땅**으로 가라**	창세기 12장 1절 **여호와께서** (나에게) **이르시되** **너는** 너의 세상과 욕심과 마귀의 집을 **떠나** 내가 **네게** 보여 줄 천국으로 **가라**

창세기 12장 1절을 **위와 같이**

한 편으로 성경을 육신의 눈으로 **보고 있지만**
한 편으로 성경을   영의 눈으로 **보여 있다면**

1. 하나님께서 **지금 내게 말씀하시는** 글을 보고 읽고 있습니다.
2. 하나님께서 **지금 내게 말씀하시는**   음성을 듣고 있습니다.
3. 성경해석을 **따로 해석하지 않았는데도** 성경이 해석되어**졌습니다.**
4. 하나님의 뜻을 **따로 찾지 않았는데도** 뜻이 **찾아졌습니다.**

이와 같이 성경을 보는 눈만 **열려도**
성경을 해석하지 **않아도** 성경이 **저절로 해석되어집니다.**
지금 여러분은 영의 눈이 보여 지고, 귀가 열려지고 **있습니다.**

창세기 12장 4절을 실습해 봅시다.

☑ 창세기 12장

4 이에 아브람이 여호와의 말씀을 따라갔고 롯도 그와 함께 갔으며
   아브람이 하란을 떠날 때에 칠십 오세였더라

아브람이 **우르에 있을 때** 하나님의 명령이 **내렸습니다.**
아브람은 **우르를 떠나** 가나안 땅으로 어떻게 갔을까요?

☑ 히브리서 11장 8절

8 믿음으로 아브라함은 부르심을 받았을 때에 순종하여 장래의
   유업으로 받을 땅에 나아갈 새 갈 바를 알지 못하고 나아갔으며

아브람은 하나님께서 말씀하시는 땅이
어디인지 **모르고 떠났지만** 가는 방법은 **알고** 있었습니다.

✷ 함께 읽어 봅시다

태 양	?
강 물	?
길	?
가 나 안	?
육체의 눈에 보이는 것	영의 눈에 보여 지는 것
육적 용어	영적 용어

아브람은 **자신의 지식으로**
육신의 눈에 **보이는** 태양, 길, 강을 따라 **갔습니다.**
태양, 길, 강은 육적용어입니다.

육적용어는 **반드시** 영적용어를 **찾아야** 합니다.
태양, 길, 강을 영의 눈으로 보면 무엇이 보입니까?

 요한복음 14장 6절 읽어 봅시다

요한복음 14장 6절
예수께서 **이르시되**
내가 곧 길이요 진리요 생명이니
나로 말미암지 않고는 아버지께로 **올 자가 없느니라**

성경해석의 **답은** 성경 안에 **있습니다.**
　　　　육적용어를 **통해** 하나님께서 말씀하시려는
　　　　영적용어를 **찾으면** 해석됩니다.

✪ 함께 읽어 봅시다

육체의 눈	영의 눈
태　양	**예 수 님**
강　물	**생 명 (생 수)**
길	말　씀
가 나 안	천　국
육적 용어	영적 용어

풀어보기
우르를 떠나 태양, 길, 강을 **따라**
　　　　가나안 땅에 **들어가면** 천국으로 들어갑니까?　**아닙니다.**

천국에 들어가려면 어떻게 해야 합니까?
예수님 믿고, 영생을 얻고, 말씀 따라 **순종해야** 천국에 **들어갑니다.**

육적용어는 반드시 영적용어를 **찾아야**
　　　　하나님의 명령을 **지금** 내가 순종할 수 있고
　　　　또 내 영혼이 생명의 양식으로 **먹을 수 있습니다.**

제 6 강
영적 실체를 찾으라

사무엘상 1장 1-11절

세상에서는 사람을 정의할 때
육신의 눈에 **보이는** 육체를 사람으로 **인정합니다.**

기독교에서는
육체를 겉 사람이라 **말하고** 영혼을 속사람이라 **말하여**
두 종류의 실존을 **인정합니다.**

하나님께서 사람을 **동물들처럼** 육체만으로도 **사는데** 지장이 없는데
왜? 사람에게 영혼을 만들어 주셨을까요?
육체를 가지고 육신의 세계에 **사는** 사람들이
영의 세계와 **교통할 수 있도록** 영혼을 **만들어 주셨습니다.**

영혼의 기능은 무엇입니까?
영혼은 영의 세계와 육의 세계를 **연결하는** 기능이며 통로입니다.

인류의 시조 아담의 영혼이 깨끗한 상태에 있었을 때는
사물만 **보고도** 하나님의 뜻을 **알 수 있었고**
영의 세계와 **교통할 수** 있었습니다.

시조 아담이 범죄 하지 않았다면 인류는 소리나 글이 없어도
영의 세계와 교통할 수 있었고
영의 세계의 용어를 쉽게 알아들을 수 있었습니다.

그러나 아담이 죄를 지어 에덴동산에서 추방된 이후
영의 세계와 교통이 단절되었고
영의 세계의 용어를 알아들을 수 없게 되었습니다.

하나님께서는 아담이 죄를 지었음에도 불구하고 사람들과 교통하며
하나님의 뜻과 영의 세계의 일을 사람들에게 전해주기를 원하셨습니다.

하나님께서는 영의 세계의 용어뿐 만아니라
육적 용어로 성경을 기록하여
사람들이 쉽게 하나님의 뜻을 알도록 전해 주셨습니다.
성경은 하나님께서 사람들에게 보내는 사랑의 메신저입니다.

육신의 눈으로 성경을 잘 읽는다 해도
영의 눈으로 성경을 보지 못하면
하나님의 뜻을 알지 못할 뿐 아니라
성경은 세상의 책과 다를 것이 없습니다.

세상에 사는 사람들 누구든지 성경을 읽으면서
하나님께서 사람들에게
무엇을 말씀하시려는지 알 수 있다면 얼마나 좋겠습니까.

성경을 읽으면서
하나님의 뜻을 찾지 못하면 성경은 비밀이 됩니다.

비밀이란 말은 ?

　　육신의 눈으로 성경을 **읽지만**

　　　영의 눈으로 성경을 **보지 못하면** 비밀이 **됩니다.**

서기 397년에 성경 66권을 정경으로 **선포한 이후**
영혼구원의 문제에 **있어서 더 이상의 계시는 없다고** 말합니다.

　　이는 하나님께서 **말씀하시려는** 구원 계시의 답은

　　　성경 안에 **있다는 말입니다.**

　　　성경 안에서 **답을 찾지 못하면**

　　　성경은 비밀이 되고　**찾으면** 성경은 비밀이 **아닙니다.**

이 시간 배울 제 6 강은　**영적 실체를 찾으라.**

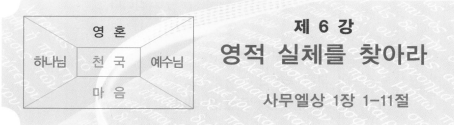

제 6 강
영적 실체를 찾아라

사무엘상 1장 1-11절

영혼

하나님　천 국　예수님

마 음

예수님께서 제자들에게 성경 해석하는 방법을 **가르쳐주시면서**
하나님께서 성경을 **통해서** 말씀하시려는
　　　영의 세계의 실체가 **무엇인지 가르쳐주셨습니다.**
　　　이 영적　실체를 **알면** 성경을 쉽게 해석할 수 **있습니다.**

✤ 읽어 봅시다

마태복음 13장 35절

내가 입을 열어 비유로 말하고
창세부터 감추인 것들을 드러내리라 함을 이루려 하심이라

요한복음 1장 45절

빌립이 나다나엘을 찾아 이르되 모세가 율법에 기록하였고
여러 선지자가 기록한 그이를 우리가 만났으니
요셉의 아들 나사렛 예수니라

요한복음 5장 39절

이 성경이 곧 내게 대하여 증언하는 것이니라

육신의 눈으로 성경을 보면 아담, 노아, 에덴동산, 방주가 보입니다.
하나님께서 이것들을 전해주려고 성경을 기록한 것이 아닙니다.
이것들을 사용하여 구원자이신 예수님에 대해서
가르쳐 주려고 성경을 기록한 것입니다.

✤ 읽어 봅시다

요한복음 5장 39절

너희가 성경에서 영생을 얻는 줄 생각하고
성경을 연구하거니와

마태복음 13장 11, 19절

대답하여 이르시되 천국의 비밀을 아는 것이 너희에게는 허락
되었으나 그들에게는 아니 되었나니 아무나 천국 말씀을 듣고
깨닫지 못할 때는 악한 자가 와서 그 마음에 뿌려진 것을
빼앗나니 이는 곧 길 가에 뿌려진 자요

또 성경은 **무엇을 전해주려고** 기록한 것입니까?

영의 세계인 천국, 영혼, 마음을 **가르쳐 주려고 기록한 것입니다.**

사람, 역사, 땅이나 씨 뿌리는 것을

전해주려고 성경을 **기록한 것이 아니고**

사람, 역사, 땅이나 씨 뿌리는 것을 **사용하여**

천국에 대해서, 영혼구원 받는 방법, 마음을 새롭게 만드는 방법을

전해주려고 성경을 **기록한 것입니다.**

육신의 눈으로 성경을 보면

아담, 노아, 에덴동산, 방주, 땅, 씨, 역사들이 **보입니다.**

하나님께서 **이런 것들을 사용하여**

영의 세계의 하나님, 예수님, 영혼, 천국, 마음에 **대해서**

가르쳐 주시려고 성경을 **기록하신 것입니다.**

✳ **표**

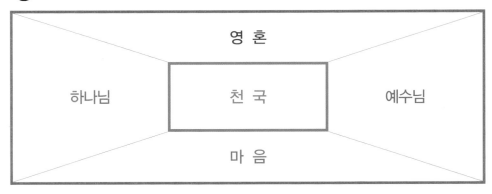

사람과 사물을 **사용하여** 육적용어로 성경을 **기록하셨지만**

사람과 사물을 **사용하여** 하나님께서 우리에게 **가르쳐주시려는 것은**

영의 세계의 영적 실체인 하나님, 예수님, 영혼, 마음, 천국 **입니다.**

성경은 31073 구절로 되어 있는데

하나님, 예수님, 영혼, 마음, 천국의 5가지 단어가

사용된 구절이 8630 구절 나옵니다.

(여호와 하나님 – 5910,   예수님 – 1421,   영혼 – 194,

마음 – 1058,   천국 – 47구절)

그러므로 육신의 눈에 역사, 사람, 사물들이 **보이지만**

영의 눈으로는 다섯 가지 실체를 볼 수 있어야 합니다.

모든 사람들이 성경을 육신의 눈으로만 **보기 때문에**

아담, 노아, 아브라함, 모세, 다윗, 에덴동산, 방주, 성막, **등이 보입니다.**

성경을 **보면서 대부분** 하나님께서

이런 것들을 **알게 하기 위해** 성경을 **기록하신 것으로 알고**

이런 것들만 **보고 알며**

이런 것들인 역사, 사람, 사물에 대한 이야기를 **전해줍니다.**

이렇게 육신의 눈에 역사, 사람, 사물만 **보이기 때문에**

하나님의 뜻을 **찾기 어렵고,** 성경을 **어렵다고 생각합니다.**

성경의 문장과 성경공부를 하기 위해서는

육신의 눈에 보이는 역사, 사람, 사물을 **그대로 인정해야 합니다.**

유대인들은 **한글이 아닌** 성경을 히브리 원어로 **보고 알았지만**

예수님께서 **그들을** 성경을 **보지 못하는** 소경이라고 **말합니다.**

오늘날 대부분의 교인들이 성경을 잘 안다고 말하는 것은 육신의 눈으로 읽은 역사, 사람, 사물에 대한 지식입니다.

육신의 눈으로 역사, 사람, 사물을 보면서
　　하나님께서 그것들을 사용하여 가르쳐주시려는
　　영의 세계의 다섯 가지 영적 실체인
　　하나님, 예수님, 영혼, 마음, 천국이 보이지 않는다면
　　　　　　그 사람도 유대인들과 같은 맹인입니다.

 마태복음 13장 14절 읽어 봅시다

마태복음 13장 14절
이사야의 예언이 그들에게 이루어졌으니 일렀으되
너희가 듣기는 들어도 깨닫지 못할 것이요
보기는 보아도 알지 못하리라

육신의 눈으로 성경을 보는 사람은
　　　　　　　　포도나무가 포도나무로 보입니다.
　영의 눈으로 성경을 보는 사람은　예수님과 내가 보입니다.

* 꼭 알아야 하는 것 *
성경을 읽을 때 포도나무는 예수님이나 내가 아닙니다.
　　　　　　　　이렇게 해석하면 이단입니다.
성경공부나 역사를 공부할 때는 포도나무는 포도나무 입니다.
그러나
예수님과 내 영혼구원 받는 방법을 가르쳐 주시기 위해
　　　　포도나무를 가지고 설명해 주실 때
　　　　포도나무는 그림자와 비유가 됩니다.

사무엘상 1장을 **해석해 보면서**
영의 눈으로 **보는** 성경을 해석하는 실력을 **점검해 보시기 바랍니다.**

사무엘상 1장에는 누가 등장합니까?

사무엘 상 1장의 등장인물
엘가나, 한나, 브닌나

사무엘상 1장을

육신의 눈으로 **보면** 엘가나, 한나, 브닌나가 **보입니다.**

엘가나, 한나, 브닌나는 무슨 용어입니까? 육적용어**입니다.**

육적용어는 **반드시** 영의 눈으로 영적용어를 **찾아야 합니다.**

⊕ 표

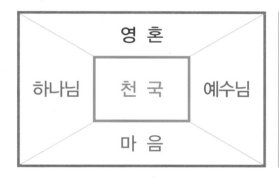

육체의 눈	영의 눈
엘가나	나, 영혼
한 나	나, 영혼
브닌나	나, 영혼
육적 용어	**영적 용어**

하나님께서는 엘가나, 한나, 브닌나를 **사용하여 가르쳐주시려는**

영적실체 다섯 가지 중에 무엇일까요?

사무엘상 1장을

육체의 눈으로 **보면** 엘가나, 한나, 브닌나에 **대한 내용의 기록입니다.**

영의 눈으로 **보면 이들을 사용하여**

내 영혼구원에 **대해서 가르쳐 주려고 하시는 것입니다.**

영의 눈으로 **보면** 엘가나, 한나, 브닌나는 나, 영혼 **입니다.**

사람, 영적해석은 엘가나, 한나, 브닌나는 내가 **됩니다.**

내가 **하나여야 하는데 셋이 되기 때문에 문제가 생깁니다.**

문제가 있으면 반드시 답이 있습니다.

답은 어디에 있습니까? 성경 안에 **있습니다.**

성경에서 답을 찾으려면

사무엘상 1장에 **나오는** 엘가나, 한나, 브닌나와 **같은**

구조의 모습과 설명을 **찾아야 합니다.**

 표

엘가나		아브람		아담		바울	
한나	**브닌나**	사라	하갈	아벨	**가인**	선	**악**

* 그림 그리며 설명하기

1. 엘가나에게 두 아내가 있습니다.
2. 아브람에게 두 아내가 있습니다.
3. 아담에게 두 아들이 있습니다.
4. 바울 안에 두 마음이 있습니다.

이런 구조를 참조해 보면
하나님께서 엘가나, 한나, 브닌나를 **사용하여** 가르쳐주시려는
영적실체는 **다섯** 가지 중에 영혼과 마음임을 **알** 수 있습니다.

✴ 읽어 봅시다

엘가나		아브람		아담		바울	
한나	**브닌나**	사라	하갈	아벨	**가인**	선	**악**

로마서 7장 21절
내가 한 법을 깨달았노니
곧 선을 행하기 원하는 나에게 악이 함께 있는 것이로다

요한1서 3장 12절
가인 같이 하지 말라 그는 악한 자에게 속하여
그 아우를 죽였으니 어떤 이유로 죽였느냐
자기의 행위는 악하고 그의 아우의 행위는 의로움이라

사도 바울은 자신이 하나님의 원하시는 선한 일을 하려고 하는데
자신이 **원하는 대로 선을 행할 수 없는 원인**을
자신의 마음 안에   선과 악이 함께 **있기 때문**이라고 말합니다.

사도요한은
육신의 눈으로 **보이는** 아담의 두 아들 아벨과 가인을
영의 눈으로 **보고** 아벨은 선,   가인은 악으로 **분류합니다.**

✦ 표

육체의 눈으로 보면	영의 눈으로 보면
사무엘상 1장 6절 **여호와께서 그에게 임신하지 못하게 하시므로 그의** 적수인 **브닌나가 그를 심히 격분하게 하여 괴롭게 하더라**	로마서 7장 23절 **내 지체 속에서 한 다른 법이** 내 마음의 법과 싸워 **내 지체 속에 있는** 죄의 법으로 **나를 사로잡는 것을 보는 도다**

사무엘상 1장**을**
육신의 눈으로 **보면** 한나와 브닌나가 **싸우는 모습입니다.**

영의 눈으로 **보면**
엘가나 곧 내 마음 안에서 선과 악이 있어 둘이 싸우고 있는데
이 모습을 우리 육신의 눈으로 볼 수 없기 때문에
역사 속에 존재했던 한나와 브닌나의 **싸움을 통해서**
내 안에서 선과 악이 **싸우는 모습을 보여주고 있는 것입니다.**

사도바울은 한나와 브닌나가 싸우는 것처럼
자신의 마음 안에서 선과 악이 싸우고 있다고 말합니다.
선과 악이 어디에 들어있습니까? 마음 안에 들어 있습니다.

공부하기

육신의 눈으로 보면	영의 눈으로 보면	영적 실체
아담, 아브람, 엘가나	나, 영혼	나
아벨, 사라, 한나	나, 영혼	마음의 선
가인, 하갈, 브닌나	나, 영혼	마음의 악

아담, 아브람, 아벨, 가인, 엘가나, 등과 같이
한 사람씩 등장하면 나, 영혼이 됩니다.

그러나 아벨과 가인, 사래와 하갈, 한나와 브닌나와 같이
각각 다른 부속된 사람이 등장하면
마음 안에 있는 선과 악이 됩니다.

좋은 쪽의 아벨, 사래, 한나는 내 마음 안에 있는 선
나쁜 쪽의 가인, 하갈, 브닌나는 내 마음 안에 있는 악이
무엇인지와 활동을 가르쳐 주려고 사용하고 있는 것입니다.

영의 눈으로 이런 모습을 보지 못하면
한나가 아들을 낳지 못하는 이유를 찾을 수 없습니다.

우리가 **기도하면** 하나님께서 응답해 주십니까? 네.
성경은 **분명하게** 기도하면 응답해 주신다고 기록되어 있습니다.

☑ **마태복음 21장**
22 너희가 기도할 때에 무엇이든지 믿고 구하는 것은
    다 받으리라 하시니라

☑ **사무엘상 1장 5절 읽어 봅시다**

> ### 사무엘상 1장 5절
> 여호와께서 **그에게 임신하지 못하게 하시니**

한나는 **교회도** 잘 다니고, 헌금도 잘하고, 감사도 잘하기 **때문에**
한나의 기도는 **분명히 응답을 받아야** 합니다.
하나님께서 한나에게 **아들을 주시지 않는** 이유가 무엇입니까?

☑ **야고보서 4장 2-3절 읽어 봅시다**

> ### 야고보서 4장 2-3절
> 너희가 **얻지 못함은**   구하지 아니하기 **때문이요**
>   구하여도 **받지 못함은**
> 정욕으로 쓰려고 잘못 구하기 **때문이라**

한나는 **분명하게** 기도로 구하고 있었기 때문에
한나가 **아들을 낳지 못하는** 이유는 정욕의 문제 **때문입니다.**
정욕이 어디에 들어 있습니까? 마음에 들어 있습니다.

☑️ 로마서 1장

24 하나님께서 그들을 **마음의 정욕대로** 더러움에 내버려 두사

✴ 읽어 봅시다

출애굽기 13장 2절

**이스라엘 자손 중에서 사람이나 짐승을 막론하고
태에서 처음 난 모든 것은 다 거룩히 구별하여**
내게 돌리라 이는 내 것이니라 **하시니라**

누가복음 2장 23절

**이는 주의 율법에 쓴 바 첫 태에 처음 난 남자마다
주의 거룩한 자라 하리라 한 대로** 아기를 주께 드리고

하나님께서도 엘가나와 한나에게 사무엘을 **주시기를 원하십니다.**

하나님께서 왜? 엘가나와 한나에게 사무엘을 주시려고 하십니까?
출애굽기 13장 2절에서

장자는 하나님의 것으로 **선포하고 있습니다.**
이는 장자인 사무엘을 하나님께서 **쓰시려고 하시는 것입니다.**

엘가나와 한나가 아들을 원하는 이유는 무엇입니까?

자신들의 육신의 대를 잇기 **위해서입니다.**

 로마서 8장 5-7절 읽어 봅시다

로마서 8장 5-7절

육신을 따르는 자는 육신의 일을
영을 따르는 자는 영의 일을 생각하나니
육신의 생각은 사망이요 영의 생각은 생명과 평안이니라
육신의 생각은 하나님과 원수가 되나니
이는 하나님의 법에 굴복하지 아니할 뿐 아니라 할 수도 없음이라

한나와 브닌나가 **싸우면** 누가 이기겠습니까?

아들을 낳은 브닌나가 **이깁니다.**

영의 눈으로 **보면** 엘가나 안에서 **두 생각이 싸웁니다.**
사도 바울은 **이를** 영의 생각과 육신의 생각으로 **분류합니다.**

엘가나 (나) **안에서 일어나는** 영의 생각과 육신의 생각의 싸움을

육신의 눈으로 **볼 수 없기 때문에**
하나님께서 한나와 브닌나의 **싸우는 모습을 통해 보여주고 있습니다.**

 갈라디아서 5장

16 내가 이르노니 너희는 성령을 따라 행하라
　　그리하면 육체의 욕심을 이루지 아니하리라
17 육체의 소욕은 성령을 거스르고 성령은 육체를 거스르나니
　　이 둘이 서로 대적함으로
　　너희가 원하는 것을 하지 못하게 하려 함이라

엘가나는 하나님을 **기쁘시게 하고자 하는** 영의 생각이 **있어**
아들을 주시면 하나님께 **바치고 싶지만**

마음에 있는 정욕 곧 브닌나가 **힘이 강하기 때문에**
육신의 생각이 영의 생각을 **이겨**
하나님께서 **아들을 주시면** 하나님께 **드리지 않고**
자신의 대를 이을 아들로 사용하려고 합니다.

이 모습을 바울은 이렇게 고백합니다.

☑ 로마서 7장
19 내가 원하는 바 선은 행하지 아니하고
   도리어 원하지 아니 하는 바 악을 행하는 도다

역사 속의 예를 찾아봅시다.

이스라엘 백성들이 출애굽한지 1년 후 가데스바네아에 이르러서
12명의 정탐꾼들이 가나안 땅을 **정탐하고 돌아와 보고를 합니다.**

10명은 가나안 땅 정복 할 수 없다는 **보고를 하고**
2명은 가나안 땅 정복 할 수 있다고 **보고를 합니다.**

이 보고를 들은 모세의 생각은
하나님의 뜻에 **순종하여 가나안 땅을** 정복하고 싶지만
정복할 수 없다는 **숫자가 많기 때문에**
하나님의 명령을 **따르지 못하게 됩니다.**

마음에 **악이 많으면** 영은 하나님의 뜻에 **순종하지 못합니다.**

엘가나의 생각에

하나님을 **기쁘시게 하고자 하는** 영의 생각이 **있었지만**

마음에 **있는 브닌나 (악)가 강하기 때문에**

엘가나는 브닌나와 동침하여 육신의 아들을 **낳아버립니다.**

이런 사람 하나님께 기도하면 응답해 주시겠습니까?　**아닙니다.**

하나님께 응답받는 비결은 무엇입니까?

문제를 해결하면 됩니다.

문제가 무엇입니까?

마음에 있는 정욕 곧 브닌나와

영에 있는 정욕의 육신의 생각을 **버리는 것입니다.**

 사무엘상 1장 11, 19절　읽어 봅시다

> **사무엘상 1장 11, 19절**
> **주의 여종에게 아들을 주시면**
> 내가 그의 평생에 그를 여호와께 드리고
> **엘가나가 그의 아내 한나와 동침하매**
> **여호와께서 그를 생각하신지라**

한나의 문제해결 방법

1. 교회를 다닌다.

2. 말씀으로 마음을 깨끗하게 씻는다.

3. 육신의 생각을 버리고 영의 생각을 선택한다.

한나가 **어느 날 기도를 바꾼 것이 아닙니다.**
교회 다니면서 말씀을 듣고, **성경을 읽으면서**
　　　　　마음에　말씀이 채워지고
　　　　　마음이　새롭게 되자
　　　　　　영이　힘을 얻고 자신의 생각을 **바꿉니다.**

하나님께서 **주시는 아들은** 하나님의 것임을　　　　　　　깨닫고
하나님께서 **주시면**　　　　　하나님을 위해 **사용한다고 고백할 때**
하나님께서 **그 기도를 기쁘게 받으시고** 기도를 응답해 주십니다.
　　　　　　　　　이를 성경은 영의 생각이라고 **말합니다.**

육신의 눈으로만 성경을 보고
하나님의 뜻을 **억지로 찾으려 하지 말고**

하나님께서 **사람과 사물을 사용하여 가르쳐주시려는**
다섯 가지 영적 실체 곧 하나님, 예수님, 영혼, 천국, 마음을
　　　　가르쳐 주셨기 때문에 본문에서 영적 실체를 **찾으면**

　　　　　1. 성경이 해석되어지고
　　　　　2. 하나님의 뜻을 알아 **그 말씀대로** 순종할 수 있습니다.

하나님께서 가르쳐 주시려는
　　　　　5가지 영적실체는 하나님, 예수님, 영혼, 마음, **천국입니다.**

제 7 강
사람 숫자 속의 비밀

룻 기 1 장

성경에는 꿈에 대한 이야기가 여러 번 나옵니다.
꿈은 둘로 나누어집니다.

하나는 잠을 자면서 꾸는 꿈이 있고
하나는 바라는   소망, 꿈 곧 비전이 있습니다.

하나님의 자녀들이 자면서 가장 꾸고 싶어 하는 꿈은
야곱, 요셉처럼 꿈에 계시 곧 영몽을 꾸는 것입니다.

하나님께서 우리에게 주시고자 하는 최고의 선물은
우리 눈과 귀를 열어 영의 세계의 일과
성경을 해석하게 하는 것입니다.

지난 6시간 동안 영의 눈으로 성경을 보는 영안이 열려
성경해석이 되어 지고 있을 거라고 생각합니다.
이 선물을 주신 하나님께 영광과 감사를 돌립니다.

성경해석도구

이 시간 배울 제 7 강은 사람 숫자 속의 비밀입니다.

제 7 강
사람 숫자 속의 비밀
룻 기 1장

하나님께서 우리에게 성경을 **주실 때**
성경에 **가장 큰 선물을 담아** 주셨는데
그것은 죽은 내 영혼을 구원해 주신다는 내용입니다.

영혼은 영에 속한 것으로 육신의 눈으로 **볼 수 없습니다.**
그러므로 하나님께서 **역사 속에 등장하는 사람들을 사용하여**
영혼구원 받는 방법을 **가르쳐주십니다.**

☑️ 세 종류의 영혼의 모습

나, 영혼		
죽은 영혼	**병들고 부패한 영혼**	산 영혼(장성한 자)
에베소서 2장 1절 그는 허물과 죄로 죽었던 너희	창세기 6장 11절 그 때에 온 땅이 하나님 앞에 부패하여 포악함이 땅에 가득한지라	누가복음 1장 6절 이 두 사람이 하나님 앞에 의인이니 주의 모든 계명과 규례대로 흠이 없이 행하더라
에베소 교인들	**노아시대 사람들**	사가랴, 엘리사벳
오르바	엘리멜렉, 말론, 기론	나오미, 룻, 보아스

성경은 여러 가지 모습으로 영혼의 모습을 보여줍니다.

대표적인 모습으로는 두 사람, 세 사람, 다섯 사람, 을
사용하여 보여주는데 자세한 것은 16강에서 살펴봅니다.

아담의 범죄 후

세상에 태어나는 모든 사람들은 죽은 영혼에서 **출발합니다.**

성경은 이런 내 영혼의 모습을 세 가지 모습으로 보여줍니다.
1. 예수님 믿기 전의   죽은 내 영혼의 모습 = 에베소 이방인들
2. 예수님 믿고 있지만 병든 내 영혼의 모습 = 노아시대 사람들
3. 예수님 믿고 건강하게 된 산 영혼의 모습 = 믿음의 선조들

하나님께서 이런 세 종류의 내 영혼의 모습을

육신의 눈으로 볼 수 없기 때문에

역사 속에 살았던 사람들을 사용하여 보여주고 있습니다.

어느 곳에서는 아브람처럼   한 사람으로
어느 곳에서는 엘가나, 한나, 브닌나처럼   세 사람으로
          룻기는   여러 사람들을 등장시켜 보여줍니다.

룻기는 4장으로 **기록된 작은 책이지만**
세 종류의 영혼의 모습과 구원받는 모습을 **잘 보여주고 있습니다.**

 룻기 1장 2. 4절 읽어 봅시다

> 룻기 1장 2. 4절
> **그 사람의 이름은 엘리멜렉이요**
> **그의 아내의 이름은** 나오미요
> **그의 두 아들의 이름은** 말론과 기룐이니
> **하나의 이름은** 오르바요
> **하나의 이름은** 룻이더라

✅ 룻기에 등장하는 사람들

룻기의 등장인물
엘리멜렉, 나오미, 말 론, 기 룐, 룻, 오르바, 보아스, 오 벳

육신의 눈으로 룻기를 보면 누가 등장합니까?
엘리멜렉, 나오미, 말론, 기룐, 룻, 오르바, 보아스, 오벳이 **등장합니다.**
   영의 눈으로 **이들을 보면** 누구입니까? 나, 영혼입니다.

✷ 도표를 봅시다.

오늘 7강은 ○ 을 이해하면
   세 종류의 영혼의 모습과 영혼구원의 모습을
한 눈에 담아서 성경을 쉽게 해석할 수 있습니다.

○ 은   한 사람을 말합니다.
○ 4개는 네 사람으로 이를 알면 룻기를 쉽게 해석할 수 있습니다.
○ 4개는 룻기에 등장하는 엘리멜렉, 나오미, 룻, 보아스를 말합니다.

   육신의 눈으로 룻기를 보면
         엘리멜렉, 나오미, 룻, 보아스가 보입니다.

   성경은 엘리멜렉, 나오미, 룻, 보아스의
      이야기를 전해주려고 기록한 것이 아닙니다.

   성경은 내 영혼구원 받는 방법을
         전해주려고 기록하고 있기 때문에

   영의 눈으로 룻기의 엘리멜렉, 나오미, 룻, 보아스는
                나 곧 내 영혼을 말하고 있습니다.

성경에 엘리멜렉, 나오미, 룻, 보아스와 같이
   여러 사람을 등장시켜 기록하고 있는 이유는

영혼구원 받는 방법을 **설명해 줌에 있어서**
한 사람을 등장시켜 설명해 주기가 부족하기 때문에
여러 사람을 등장시켜 가르쳐주는 것입니다.

성경에 영혼, 영, 마음의 **단어들이 나오지만**
대부분 단어로만 알고 있을 뿐입니다.
왜냐하면 영혼, 영, 마음을 육신의 눈으로 **볼 수 없기 때문입니다.**

이보다 더 큰 문제는
영혼구원 방법을 **알기 위해서는 반드시 알아야 하는**
영혼, 영, 마음이 **어떻게 생겼는지 알려고 하지 않는 것입니다.**

✦ 영혼의 모양과 구조

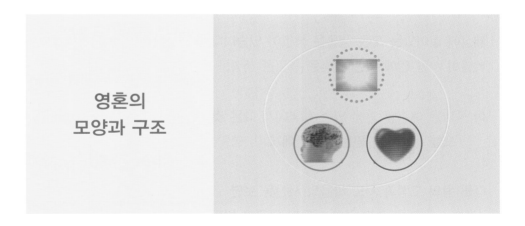

영혼의
모양과 구조

성경에 영혼의 모습이 **이렇다고 말하는 곳은 없습니다.**
그러나 성경 전체를 **한 눈에 담아 보면**
영혼의 모습을 위의 그림처럼 **만들 수 있습니다.**

영혼의   모양과 구조는
생명, 영, 마음의 구조로 되어 있음을 알 수 있습니다.

✴ 영혼의 모양과 구조 찾아보기

세상에 살아있는 모든 생물은 생명이 있습니다.
특별히 사람 안에 있는 영혼은 영원한 생명을 가지고 있습니다.

이 생명은 예수님 안에 있는 생명에서 나온 것으로
    오늘 예수님을 믿는 자녀들에게 이 영원한 생명을 주십니다.

다윗 왕의 고백과 사도 바울의 서신을 보면
    영혼 안에 영과 마음이 있음을 밝히고 있습니다.

다윗 왕은
하나님께   영혼 안에 있는 마음을 정직하게 창조 하고
    영혼 안에 있는   영을 새롭게 만들어 달라고 기도합니다.

사도바울은 구원받은 **고린도 교인들에게**

☑ **고린도전서 14장**
15 내가 영으로 기도하고 또 마음으로 기도하며
　　내가 영으로 찬송하고 또 마음으로 찬송한다고 가르쳐줍니다.

마음과 영의 **줄인 말을** 성경에서 심령이라고 **합니다.**
　　　　　　　　　심령은 하나님께서 **창조하셔서**
　　　　　　　　영혼 안에 **넣어두신 구조입니다.**

☑ **스가랴 12장**
1 사람 안에 심령을 지으신 이가 이르시되

영혼의 모양과 구조는 생명, 영, 마음입니다.
영혼의 모습을 육신의 눈으로 **볼 수 없기** 때문에
역사 속에 등장하는 사람을 사용하여 영혼구원의 모습을 **가르쳐줍니다.**

✸ **표**

대표적인 인물 : 엘리멜렉　나오미　룻　보아스			
엘리멜렉	나오미	룻	보아스
○	○	○	●
예수님 믿다 세상으로 나가 죽은 후 **지옥가게 되는나**	예수님 믿다 세상으로 나갔지만 회개하고 돌아와 천국가게 되는나	불신자로 영혼이 죽었던 내가 내가 예수님 믿고 천국가게 되는 나	변함없이 예수님 잘 믿고 복 받고 살다가 천국가게 되는 나

구약 성경은 믿음의 선조들 이야기와 유대인 역사 이야기입니다.
대부분 이런 이야기들을 알기 위해서 성경을 보는 것이 아닙니다.

하나님께서 **이런 역사 속에**
　　　나의 영혼구원 받는 방법들을 **비밀로 담아 두셨기 때문에**
　　　내가 영혼구원 받아 **천국에 가기 위해 성경을 보는 것입니다.**

룻기에 **등장하는 엘리멜렉, 나오미, 룻, 보아스는**
내 영혼의 어떤 모습을 **가르쳐 주시려고 사용하고 있을까요?**

1. 엘리멜렉
　　예수님 믿고 **교회 다니다가 세상으로 나가 죽은 후**
　　지옥으로 **가게 되는** 내 영혼의 모습을 **보여주고 있습니다.**

2. 나오미
　　예수님 믿고 **교회 다니다가 세상으로 나갔지만**
　　회개하고 돌아와서 죽은 후
　　천국으로 **가게 되는** 내 영혼의 모습을 **보여주고 있습니다.**

3. 룻
　　불신자였던 내가 **전도를 받아**
　　예수님 믿고 **교회 다니며 복을 받고 살다가 죽은 후**
　　천국으로 **가게 되는** 내 영혼의 모습을 **보여주고 있습니다.**

4. 보아스

모태로부터 신앙의 부모에게 태어나
예수님 믿고 교회 다니며 복을 받고 살다가 죽은 후
천국으로 가게 되는 내 영혼의 모습을 보여주고 있습니다.

성경은 이와 같이 우리가 예수님을 믿고 교회 다니지만
앞으로 어떠한 길로 가게 되는지,
결과가 어떻게 되는지,
룻기에 등장하는 엘리멜렉, 나오미, 룻, 보아스 등,
역사 속에 실존하였던 사람들을 사용하여 보여주고 있습니다.

✸ 동그라미 4개로 응용하기

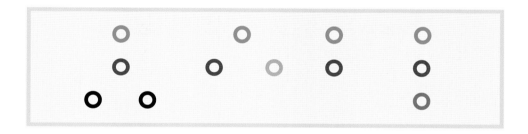

앞에서는 엘리멜렉, 나오미, 룻, 보아스, 등 각각의 사람들을 사용하여
보여주는 네 종류의 내 영혼의 모습을 살펴보았습니다.

가족을 통해 보여주는 영혼구원의 모습을 살펴봅니다.
수학으로 비유하면 응용문제입니다.

6강에서 배운 것 다시 점검해 봅니다.

남편은 영이고,　　아내는 마음이다.

두 아내 곧 한나와 브닌나는 마음에 있는 선과 악으로

　　　　한나는 선이고　　　　브닌나는 악이다.

두 아들 곧 아벨과 가인은 마음에 있는　선과 악으로

　　　　아벨은 선이고　　　　　가인은 악이다.

✧ 룻기의 영혼구원 해석

등장인물 : 엘리멜렉,　나오미,　말론, 기룐,　룻,　오르바,　보아스,　오벳			
영 (나)	○ 엘리멜렉 육신의 생각	○ 나오미 영의 생각	○ 나오미 영의 생각	○ 보아스(예수님) 영의 생각
마음	○ 나오미 마음의 악	○　○ 룻 오르바 선　　악	○ 룻 마음의 선	○ 룻 (신부) 마음의 선
육체 (열매)	○　　○ 말론　기룐 육체의 열매 지옥으로			○ 오벳(세마포) 성령의 열매 천국으로

룻기는 4장이지만

영혼구원의 모습을

영혼의 구조로 보고 **쉽게 해석할 수 있도록** 기록되어 있습니다.

대부분 룻기를 보면서 룻을 주인공으로 보고
룻에 대한 연구와 해석에 중점을 두게 됩니다.

교회 안에 네 종류의 교인들이 있는데
그들의 영혼의 상태를 자세하게 보여주는 것이 룻기 입니다.

그러므로 룻기는 룻만이 주인공이 아니고
영혼의 모습으로 보면 엘리멜렉, 나오미, 룻, 보아스, 등
네 사람 모두가 주인공입니다.

성경은 구원의 책이고, 치료의 책이고, 생명의 책 입니다.

교회 안에는 죽은 영혼, 병든 영혼, 산 영혼들이 있는데
이들 영혼의 모습을 룻기에 등장하는
엘리멜렉, 나오미, 룻, 보아스를 통해 보여주면서
그들을 살리고, 치료하고, 생명의 양식을 공급해 주시는 모습을
룻기에 기록하고 있는 것입니다.

그러므로 육신의 눈으로는 엘리멜렉, 나오미, 룻, 보아스가 보이지만
영의 눈으로는 이들의 영혼의 상태를 볼 수 있어야 합니다.

영의 눈으로
엘리멜렉, 나오미, 룻, 보아스의 영혼의 상태 해석하기

1. 엘리멜렉과 같은 교인이 있습니다.
   엘리멜렉은 예수님 믿고 교회 다니다가
   세상으로 나가 죽은 후 지옥으로 가게 됩니다.

남편이 교회를 다니다가 세상으로 떠난다고 하면
신앙이 좋은 아내는 반대를 하는 것이 정상입니다.
그런데 나오미는 엘리멜렉이 세상으로 가자는데 동참하게 됩니다.

엘리멜렉은 영이고 나오미는 마음입니다.
   기본 해석에서는 나오미는 마음에 있는 선으로 분류가 됩니다.
그러나 남편의 악한 생각에 동참하므로 마음의 악이 됩니다.

기본 해석에서 두 아들은 마음의 선과 악이 됩니다.
         그러나 아내가 마음의 위치에 있을 때

      두 아들은 육체의 열매로 분류되는데
         하나는 성령의 열매가 되고
         하나는 육체의 열매가 됩니다.

나오미의 모습에서처럼
아버지가 교회를 다니다가 세상으로 나가자고 하면
신앙 좋은 아들이 반대를 하는 것이 정상입니다.

그런데   말론과 기론 두 아들은 세상으로 가자는데 동참하게 됩니다.
그러므로 말론과 기론 두 아들은 육체의 열매가 됩니다.

      아비멜렉를 통해 보여주는 영은 육신의 생각을 하고
         나오미를 통해 보여주는 마음에는 악이 있고
말론과 기론을 통해 보여주는 육체에는 육체의 열매가 있습니다.

이런 영혼의 모습을 병든 영혼이라고 **말합니다.**

　　영의 문제, 마음의 문제, 육체의 문제가 있으면
이런 영혼은 병든 영혼으로,　말씀으로 **치료를 받아야 하는데**

　　　　세상으로 나가버렸으니 치료를 받을 방법이 없습니다.

이런 모습으로 살다가 죽으면 어디로 가는 것입니까?

　　　　　　　　　　　　지옥으로 갑니다.

2. 나오미와 같은 교인이 있습니다.

　　예수님 믿고 교회 다니다가 세상으로 나갔지만
　　회개하고 돌아와서 죽은 후 천국으로 가게 됩니다.

나오미는 영의 육신의 생각과 마음의 악에 **문제가 있는**

　　　　　　병든 영혼의 모습을 보여주고 있습니다.

엘리멜렉을 통해 보여주고자 하는

　　　　영혼의 구조의 핵심은 육신의 생각으로 영의 병든 **모습이고**

　나오미를 통해 보여주고자 하는

　　　　영혼의 구조의 핵심은 마음의 악으로 마음이 병든 **모습입니다.**

나오미의 마음에는
원래 선이 **존재하여** 하나님의 뜻에 **순종해야 합니다.**
그런데 가나안 땅에 흉년의 상황으로 인해

　　　　　마음에 악이 자라 선을 **이깁니다.**

영혼을 살리는 생명의 양식이 **들어 있어야 하는** 마음에
영혼을 죽이는 마귀의 지혜가 **들어가** 마음에 있는 선이 죽고
　　　　　　마귀의 악이 이겨 **세상으로 나간 것입니다.**

☑️ **마태복음 26장**
41 시험에 들지 않게 깨어 기도하라 마음에는 원이로되
　　육신이 약하도다 하시고

나오미의 영은 **바울처럼**
　　　　교회를 다시 나가고 싶지만 마음에 있는 악으로 **인해**
　　　　영의 육신의 생각 곧 엘리멜렉을 **이기지 못하고 있었습니다.**
　　　　그런데 나오미의 영의 생각을 지배하던
　　　　　　　　남편도 죽고 아들들도 모두 죽게 됩니다.

　　　　육신의 생각이 죽으면 영의 생각은 **살아납니다.**
　　　　　　　　이때 하나님의 말씀이 **들려옵니다.**

☑️ **룻기 1장**
6 그 여인이 모압 지방에서 여호와께서 자기 백성을 돌보시사
　　그들에게 양식을 주셨다 함을 듣고
　　이에 두 며느리와 함께 일어나 모압 지방에서 돌아오려 하여

나오미의 영의 생각이 육신의 생각을 **이기고**
　　　　교회로 돌아오려는데 문제가 생겼습니다.
나오미가 **세상에 살면서 받아들인** 두 며느리입니다.

이 모습을 영혼의 구조로 보면
　　나오미는　영이 되고
　　두 며느리인　룻과 오르바는 마음이 **됩니다.**

　　　　　　룻과 오르바는 이방 여인으로
마음으로 **분류하면** 룻과 오르바는 둘 다 마음에 있는 악이 **됩니다.**

나오미가 **교회로 돌아오려면**
세상에서 살면서 마음에 담아둔 마귀의 악을
　　　　　　모두 버리는 회개가 있어야 합니다.
그렇지 않으면 그것들이 다시 자라 다시 세상으로 돌아갑니다.

나오미가 가나안으로 가는 길에서 그의 며느리들인
　　　　룻과 오르바에게 **자기 고향으로 돌아가라고 할 때**
　　　　룻은 끝까지 따르겠다고 말하고
　　　　오르바는 자신의 신에게로 돌아갑니다.

☑ **이 모습을 영혼의 구조로 해석해 봅니다.**

나오미가 **모압 땅으로 가서 두 며느리 룻과 오르바를 얻었습니다.**
이때의 룻과 오르바는 마음으로 둘 다 악만 **있을 뿐입니다.**

나오미가 **교회를 다닐 때는**
나오미의 마음 안에 선과 악이 **있었습니다.**

나오미가 **세상으로 나갈 당시의**
나오미의 마음에는 선이 없고 악과 악만 **있었는데**

이 모습이 10년 전

　　　며느리 룻과 오르바를 **얻을 때**

　　　그들의 마음의 모습을 **통해 보여주고 있습니다.**

10년이 흐르면서

　　　나오미의 육신의 생각이 죽고 영의 생각이 **살아나고**

　　　마음에 있는 선이 **회복되었는데**

　　　선이 회복된 마음의 모습을 룻을 **통해 보여주고**

　　　마음에 **여전히 남아 있는** 악의 모습을

　　　세상을 사랑하며 떠나는 오르바를 **통해 보여주고 있습니다.**

마음에 있는 악을 버리는 **회개하는 모습을**

　　　하나님께서 **구약에서**　　　나오미를 **통해 보여주고**

　　　예수님께서 **신약에서** 탕자 이야기를 **통해 보여줍니다.**

　　　이렇게 회개하고 신앙생활하면 어디로 갑니까?

　　　　　　　　　　　　　　　　천국으로 갑니다.

3. 룻과 같은 **교인이 있습니다.**

　　　불신자였던 내가 전도를 받아

　　　예수님 믿고 **교회 다니며 복을 받고 살다가 죽은 후**

　　　천국으로 가게 되는 내 영혼의 모습을 **보여주고 있습니다.**

룻은 죽은 생명과　영의 육신의 생각과 마음의 악에 문제가 있는

　　　　　　　죽은 영혼의 모습을 **보여주고 있습니다.**

엘리멜렉을 통해 보여주고자 하는
영혼의 구조의 핵심은 육신의 생각으로 인한 영혼의 병든 모습입니다.

나오미를 통해 보여주고자 하는
영혼의 구조의 핵심은 마음의 악으로 인한   영혼의 병든 모습입니다.

룻을 통해 보여주고자 하는
영혼의 구조의 핵심은 생명으로 죽은 생명의 모습입니다.

룻을 독립적으로 두면 룻은 하나님을 믿지 않았던 이방여인으로
              영혼의 구조인 생명, 영, 마음, 모두에 문제가 있어
              영혼의 상태로는 죽은 영혼의 모습입니다.

룻은 여자로, 성경에서 여자를 교회라고 말합니다.
룻은 이방 성도로
룻은 오늘 이방인으로 교회 다니는 내가 됩니다.

룻이 교회요 이방 성도들이라면 나오미의 위치는 예수님이 됩니다.
룻이 시어머니 나오미로 말미암아
                  하나님을 믿고 가나안 땅으로 왔습니다.

오늘 우리가 예수님으로 말미암아
          예수님 믿고 교회를 다닙니다.

역사와 문장은 그대로지만 어떤 위치에 서서 본문을 보느냐에 따라서
영적 실체가 달라집니다.
룻이 영혼구원 받고 천국에 들어가려면 절차가 필요합니다.

1. 시어머니가 전해주는 하나님 말씀을 들어야 합니다.
2. 룻은 스스로 하나님을 신으로 모셔야 합니다.
3. 룻은 모압을 떠나 가나안 땅으로 들어가야 합니다.
4. 룻은 죽을 때까지 하나님을 믿고 섬겨야 합니다.

☑ 룻기 1장 16~17절 읽어 봅시다

룻기 1장 16~17절

어머니께서 가시는 곳에 나도 가고
어머니께서 머무시는 곳에서 나도 머물겠나이다
어머니의 백성이 나의 백성이 되고
어머니의 하나님이 나의 하나님이 되시리니
어머니께서 죽으시는 곳에서 나도 죽어 거기 묻힐 것이라

룻의 이 고백을 영혼의 구조로 보면
예수님을 주인으로 영접하여 생명을 얻고
영의 생각, 마음의 선, 육체에 성령의 열매를 맺는 새사람의 모습입니다.

하나님께서 룻을 통해 영혼이 죽은 이방인인 우리가
어떻게 영혼구원 받고 천국에 들어갈 수 있는가를 보여주고 있습니다.
이렇게 예수님 영접하고 신앙생활하면 어디로 가는 것입니까?

천국으로 갑니다.

4. 보아스와 같은 교인이 있습니다.

　　모태로부터 신앙의 부모에게 태어나

　　예수님 믿고 교회 다니며 복을 받고 살다가 죽은 후

　　천국으로 가게 되는 내 영혼의 모습을 보여주고 있습니다.

보아스를 통해 보여주고자 하는

영혼의 모습은 산 영혼의 모습**입니다.**

보아스는 하나님께서 원하시는 표준 모델로 새 사람의 모습**입니다.**

새 사람의 기준 5가지

1. 예수님을 **영접하여**	생명을 받아야	한다.
2. 　영은 **하나님나라를 위한**	영의 생각을	한다.
3. 　마음은 **말씀으로 악을 씻어내고**	선으로	채운다.
4. 　육체는 **항상**	성령의 열매를 맺는다.	
5.새 사람의 **모습이**	끝까지 변함이 없어야 합니다.	

보아스는 노아, 욥, 다니엘과 **같이**

태어날 때부터 하나님의 자녀로 **태어난** 산 영혼**입니다.**

보아스는 태어날 때부터

하나님의 계명과 규례대로 **행하며**

노년에 이르기까지 복을 받고 살다가 천국으로 갑니다.

룻기는 보아스가 이렇게 복을 누리고 살 수 있었던 모습을

　　　엘리멜렉과 비교해서 보여주고 있습니다.

엘리멜렉은 기근이 오자

하나님과 형제들을 외면하고

　　　　자신과 가족들만 잘 살아보자고 세상으로 떠나갔지만

보아스는 똑같은 기근을 당했지만

하나님과 형제들을 외면하지 않고

　　　　형제들과 함께 하나님 나라를 끝까지 지켰습니다.

　　　보아스, 　룻, 　　오벳의 관계는

　　　엘리멜렉, 나오미, 말론과 기론의 영혼의 구조처럼

　　　보아스는 영의 　　영의 생각

　　　　룻은 마음의 선

　　　오벳은 육체의 성령의 열매입니다.

보아스와 엘리멜렉은 태어날 때부터 산 영혼으로

복을 받고 살다 천국에 들어가도록 청함을 받은 사람들이었습니다.

세월이 흐르면서

보아스는 교회를 다니면서 어려운 상황 속에서도

　　　　　　　　마음이 새롭게 되어 (룻을 아내로 맞이함)

하나님께서 기뻐하시는 성령의 열매 (오벳을 낳음)를 맺고

　　　　　　　　　　복을 누리며 살게 됩니다.

엘리멜렉은 **교회를 다니다가 어려운 상황을 만나자**
　　　　마음이 악하게 되어 (나오미와 오르바를 통해 보여주는 모습)
하나님께서 **싫어하시는 육체의 열매** (말론과 기론의 모습)를 맺고
　　　　　　　　　저주받아 **단명하고 맙니다.**

롯기는 역사, 사람, 사물의 **기록 속에 감추어진**
　　　　영혼구원의 모습을 **가장 쉽게 해석할 수 있는 기초입니다.**

예수님의 제자들 가룟유다, 베드로, 요한을
　　　　엘리멜렉, 나오미, 보아스와 **연결해 해석해 봅시다.**

엘리멜렉과 가룟유다는 **청함은 받아 교회를 다녔지만**
　　　　영의 육신의 생각으로 **인해 죽은 영혼으로 마감합니다.**

나오미나 베드로는　**청함을 받고 교회를 다니다가**
　　　　마음이 병이 **들었으나 회개하여** 산 영혼으로 **마감합니다.**

보아스나　요한은　**청함을 받고 교회를 변함없이 다니면서**
　　　　영이 장성하고 마음을 새롭게 하여 **성령의 열매를 맺고**
　　　　　　　　산 영혼으로 **마감합니다.**

☑ 아담, 하와, 아벨, 가인을 ○ 로 표현하고 해석해 봅시다.

등장인물 : 아담, **하와**, **가인**. 아벨. 셋			
영 (나)	○ 아 담 육신의 생각	○ 아 담 육신의 생각	○ 아 담 영의 생각	○ **아 담** **영의 생각**
마음	○ 하 와 **마음의 악**	○ ○ 아벨 가인 선 악	○ 아 벨 마음의 선	○ 하 와 **마음의 선**
육체 (열매)	○ ○ **가인** 아벨 **육체** 성령			○ 셋 성령의 열매 **천국으로**

☑ 아브라함, 사라, 하갈, 이삭, 이스마엘을 ○ 로 표현하고 해석해 봅시다.

등장 인물 : 아브라함, **사라**, 하갈, 이삭, **이스마엘**			
영 (나)	○ 아브람 육신의 생각	○ 아브람 육신의 생각	○ 아브라함 영의 생각	○ **아브라함** **영의 생각**
마음	○ ○ 사래 하갈 **악** **악**	○ ○ 사래 하갈 **악** **악**	○ ○ 사라 하갈 선 악	○ 사라 마음의 선
육체 (열매)		○ **이스마엘** **육체의 열매**	○ ○ 이삭 **이스마엘** 성령 **육체**	○ 이삭 성령의 열매 **천국으로**

성경해석의 기본은

하나님께서 **말씀하시는** 영적 실체를 찾는 것입니다.

하나님께서 **말씀하시고자 하는** 영적 실체는

하나님, 예수님, 영혼, 마음, **천국입니다.**

육신의 눈에 역사, 사람, 사물만 보이면

하나님의 뜻을 **찾기 어렵습니다.**

하나님께서 영의 세계의　　5가지 실체를 전해주시기 위해

성경을 **기록하고 있기** 때문에 5가지 실체를 **찾아야 합니다.**

하나님께서 **말씀하시려는** 영적 실체를 찾으면

성경을 쉽게 해석할 수 있습니다.

성경해석 1차는

육신의 눈에 **보이는 사람이** 나타나면 나로 **바꾸어 주고**

성경해석 2차는 나를 영혼으로 **바꾸어 주고** 영혼을

곧 죽은 영혼, 병든 영혼, 산 영혼을 **구별하여 바꾸어 주고**

성경해석 3차는 남편, 아내, 아들을 영혼의 구조인

곧　생명,　영, 마음, 육체를 **연결시켜 바꾸어 주면**

성경을 쉽게 해석할 수 있습니다.

제 8 강
사람 모양 속의 비밀

요한복음 14장 20절

빌립집사가 **사마리아에서** 복음을 전하고 있었는데
주의 사자가 빌립에게 **나타나서**
남쪽으로 향하여 예루살렘에서 가사로 **내려가는** 길까지 가라고 합니다.

빌립이 가서 보니
에디오피아 여왕 간다게의 모든 국고를 맡은 내시가 예배하러
예루살렘에 왔다가 이사야의 글을 읽으면서 돌아가고 있었습니다.

내시가 이사야서 53장을 읽고 **있다가**
빌립집사에게 **이 글이 누구를 가리켜 말하는 것이냐** 물을 때
빌립집사는 그 주인공이 예수님이라 말하고 복음을 전하자
내시는 예수님을 영접하고 **세례를 받고 떠나갔습니다.**

빌립집사가 **이렇게 성경을 쉽게 해석하여 전할 수 있었던** 것은
예수님께서 제자들에게 **가르쳐주신 성경해석 방법을**
제자들에게 배워 알고 있었기 때문입니다.

✦ 복습해 봅시다.

성경공부의 답	설교, 생명의 양식의 답
양	예 수 님
포도나무	
육적 용어	영적 용어

도수장으로 끌려가는 양은 무슨 용어입니까? 육적용어 입니다.
어린양, 포도나무의 영적용어는 무엇입니까?   예수님 입니다.

성경공부나 역사에서 양은 양이고, 포도나무는 포도나무입니다.

예수님을 전해주기 위해 양과 포도나무를 볼 때는
예수님을 설명해 주기 위한 그림자와 비유입니다.

그림 한 장에 성경 66권을 담을 수 있는
그림들이   성경 안에는 많이 있습니다.
그들 중   성경 66권을 쉽게 보고 해석할 수 있는
                대표적인 그림 3개가 있습니다.

우리는 첫 시간에 3개 그림중 하나인 물고기의 그림을 가지고
          성경 66권의 역사와 성경을 보는 방법을 찾아보았습니다.

✇ 물고기 그림

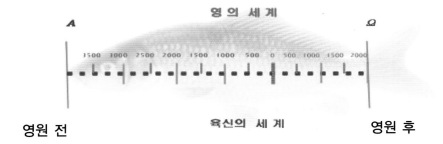

영원 전   육신의 세계   영원 후

오늘은 2번째의 그림인 사람의 모습을 가지고 성경을 해석해 봅니다.

물고기의 그림은
      역사를 담아서 성경을 한 눈으로 보고 해석하기 쉽고

사람의 모습은
      영혼구원의 모습을 한 눈에 담아
      성경 66권에 기록된 영혼구원 해석을 쉽게 할 수 있습니다.

빌립집사가 복음을 전할 때는 구약 성경은 있었지만
      구약 39권이 정경으로 인정된 것이 아니었고
           당시에는 신약 27권은 없었습니다.

구약성경이 정경으로 선포되지도 않았고
      신약성경이 없었음에도 불구하고
구약성경을 그렇게 쉽게 해석하고 전해 줄 수 있었던 것은
예수님께서 제자들에게 가르쳐 주셨던 성경해석 방법 때문입니다.

이 시간 배울 제 8 강은 사람 모습 속의 비밀입니다.

제 8 강
사람 모습 속의 비밀
요한복음 14장 20절

육신의 눈으로 **볼 수 있도록 사용한**
사람과 사물의 영적실체인 영혼구원의 비밀에 대해서
가장 쉽고 자세하게 기록되어 있는 곳은 바울 서신 **입니다.**

☑️ 고린도후서 4장 16절 읽어 봅시다

> ### 고린도후서 4장 16절
> **우리가 낙심하지 아니하노니**
> 우리의 겉 사람은 **낡아지나**
> 우리의 속 사람은 **날로 새로워지도다**

바울은 사람을 겉 사람 육체와 속사람 영혼으로 **구분합니다.**

바울은 속사람 영혼의 구조를 6가지로
      겉사람 육체의 구조를 2가지로 **구분합니다.**

✳ 영혼의 모양과 구조

영혼의
모양과 구조

영혼의 모양과 구조는

생명, 영, 마음의 3가지 구조로 **되어 있습니다.**

바울은 영혼의 3가지 구조를 **둘씩 구분하여** 6가지로 **나눕니다.**
1. 생명을 산 생명과   죽은   생명으로
2. 영을 영의 생각과   육신의   생각으로
3. 마음을 하나님의 선과   마귀의   악으로 나눕니다.

☑ 1. 생명의 구분 에베소서 2장 1, 4~5절 읽어 봅시다.

> 에베소서 2장 1, 4~5절
> **그는 허물과 죄로 죽었던 너희를** 살리셨도다
> **긍휼이 풍성하신 하나님이 우리를 사랑하신**
> **그 큰 사랑을 인하여**
> **허물로 죽은 우리를 그리스도와 함께** 살리셨고

바울은 영혼 안에 있는 생명을

예수님 믿기 전과 믿은 후로 **구분하여**

예수님 믿기 전의 생명을 죽은 생명으로

예수님 믿은 후의 생명을 산 생명으로 **구분합니다.**

☑️ **2. 영의 구분 로마서 8장 5~6절 읽어 봅시다.**

로마서 8장 5~6절

육신을 따르는 자는 육신의 일을,

영을 따르는 자는 영의 일을 생각하나니

육신의 생각은 사망이요

영의   생각은 생명과 평안이니라

바울은 영혼 안에 있는 영이 하는 생각을

영의 생각과 육신의 생각으로 **구분하여**

하나님의 선한 지혜에 **순종하겠다는** 생각을 영의 생각으로

마귀의 악의 지혜에 **순종하겠다는** 생각을

육신의 생각으로 **구분합니다.**

☑️ **3. 마음의 구분 로마서 7장 21절 읽어 봅시다.**

로마서 7장 21절

그러므로 내가 한 법을 깨달았노니

곧 선을 행하기 원하는 나에게 악이 함께 있는 것이로다

바울은 영혼 안에 있는 마음을 선과 악으로 **구분하여**

하나님의 선한 지혜를 선으로

마귀의 악의 지혜를 악으로 **구분합니다.**

✅ **4. 육체의 열매구분** 갈라디아서 5장 19, 22절 읽어 봅시다.

> 갈라디아서 5장 19, 22절
> 육체의 일은 **분명하니**
> 음행과 더러운 것과 호색과 사욕과 정욕과
> **오직** 성령의 열매는 사랑과 희락과 화평과
> 오래 참음과 자비와 양선과 충성과 온유와 절제

바울은 겉 사람 육체의 순종을 열매로 **비유하여**

하나님의 선한 지혜를 **따라 맺는** 열매를 성령의 열매로

마귀의 악의 지혜를 **따라 맺는** 열매를 육체의 열매로

구분합니다.

바울은 구약성경에서 사람과 사물을 **사용하여 비유로 보여주는**

영혼구원의 모습으로 영혼의 상태와 구원받는 방법을

가르쳐 주는 것은 한계가 있음을 알았습니다.

바울은 **기도하며** 하나님께서 **주신 지혜를 가지고**

죽은 영혼, 병든 영혼, 산 영혼의 모습을 8가지로 세분화시켜

영혼의 문제점을 **찾아서 자세히 가르쳐 주고 있습니다.**

바울이 **세분화시킨** 8가지 모습을

저자가 하나님께서 주신 **지혜로** 사람의 모양 안에

이 비밀이 모두 들어 있음을 깨닫고 그림 한 장에 담아 보았습니다.

✵ 사람 모양 그리기

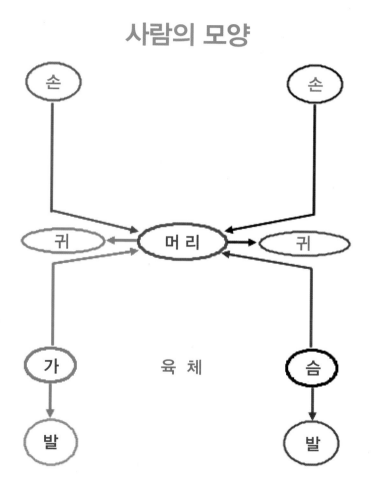

사람의 모양

사람의 모양 안에 **바울이 구분해 놓은**

영의 세계의 8가지의 실체를 **찾아서 넣어봅니다.**

✴ 사람의 모양으로 보는 영혼구원 도표

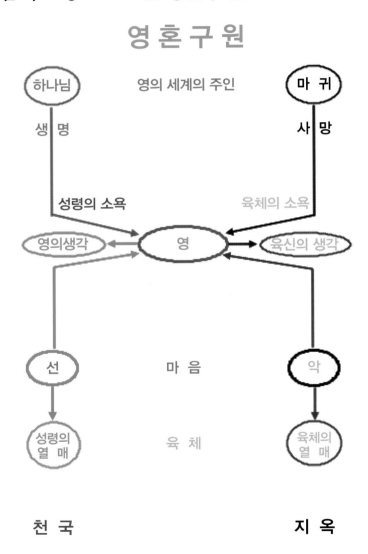

☑️ 1. 하나님과 마귀 (영의 세계의 주인)

> 로마서 6장 16절
> 너희 자신을 종으로 내 주어 누구에게 순종하든지
> **그 순종함을 받는 자의** 종이 **되는 줄을 너희가 알지 못하느냐**
> **혹은** 죄의 종으로 **사망에 이르고**
> **혹은** 순종의 종으로 **의에 이르느니라**

손은 잡는 일을 하는데 이를 성경에서는 **선택을 말합니다.**
사람은 주인(신) 선택의 자유가 **있습니다.**

세상에는 나라가 많고 주인들이 많지만
영의 세계는 빛의 세계와   어두움의 세계, 두 나라만 **존재하고**
영의 세계의   주인과   어두움의 세계의 주인이 **있습니다.**

　1.   빛의 세계의 주인은   하나님이시고
　2. 어두움의 세계의 주인은   마귀입니다.

세상에 사는 모든 사람들은 반드시 두 주인 중에 **하나를**
자신의 주인으로 선택해야 하는 의무가 있습니다.

　1. 하나님을 주인으로 **선택하면**   빛의 나라의 백성이 **되고**
　2.   마귀를 주인으로 **선택하면** 어두움의 나라의 백성이 **됩니다.**

종이 주인을 **선택한 후에는**
주인은 종에게 주권과 생사권을 **행사합니다.**

☑️ 2. 성령의 소욕과 육체의 소욕

> 갈라디아서 5장 16~17절
> **내가 이르노니 너희는** 성령을 **따라 행하라**
> **그리하면 육체의 욕심을 이루지 아니하리라**
> **육체의 소욕은** 성령을 **거스르고**
> 성령은 **육체를 거스르나니**

신과 사람과의 관계는
　　　주인과 종의　　　관계가 되기 때문에
　　　주인은 종에 대한 주권, 생사 권, 축복 권을 가지게 됩니다.

주인의 말을 명령이라고 **하는데 또 다른 표현은 주인의 원함**입니다.
　　　바울은 하나님의 원함과 마귀의 원함으로 **나누어**
　　　　　하나님의 원함을 성령의 소욕으로
　　　　　　마귀의 원함을 육체의 소욕이라고 **합니다.**

육체의 눈으로 보면 각 사람들이
어떤 것의 원함을 가지고 행동하는 것처럼 보이지만
사람들은 종들이기 **때문에 자신들의 원함은 존재할 수 없습니다.**

영의 세계의 **지배를 받고**
영의 세계의 주인명령에 **순종할 뿐입니다.**

종은 **철저하게 자신이 선택한**
　　　　　주인의 명령에 순종과 충성의 의무를 **가집니다.**

☑️ 3. 생명과 사망

> 로마서 8장 6절
> 육신의 생각은 사망이요 영의 생각은 생명과 평안이니라
>
> 요한복음 5장 29절
> 선한 일을 **행한 자는** 생명의 부활로
> **악한 일을 행한 자는 심판의 부활로 나오리라**

영혼의 생명은 세가지 이유로 생명과 사망으로 나누어집니다.

첫째는 주인 선택에서 **나누어집니다.**
　　　하나님을 **선택하면** 영생을 얻어　　　생명으로 **이어지고**
　　　　마귀를 **선택하면** 죽은 영혼 그대로 사망으로 **이어집니다.**

둘째는 영의 생각에서 **나누어집니다.**
　　　성령의 원함을 **따라**　　영의 생각을 하면 생명으로
　　　마귀의 원함을 **따라** 육신의 생각을 하면 사망으로 **이어집니다.**

셋째는 육체의 열매에서 **나누어집니다.**
　　　하나님의 **원하시는** 성령의 열매를 **맺으면** 생명으로
　　　　마귀의 **원하는**　육체의 열매를 **맺으면** 사망으로 **이어집니다.**

☑ 4. 영의 기능인 영의 생각과 **육신의 생각**

> ## 로마서 8장 6절
> 육신의 생각은 사망이요 영의   생각은 생명과 평안이니라

온 우주 만물의 주인은 하나님이십니다.

하나님은 주인으로써

　　　모든 것을 생각하시고, 계획하시고, 종들에게 **명령하십니다.**

사람은 육체와 **영혼의 독립적인 두 존재가 결합되어**

　　　　　　　　　　　　　　　사람이 **되었습니다.**

육체에는 **오장 육부가 있고,** 영혼 안에도 구조들이 **있습니다.**

사람 안에 **이런** 조직과 구조를

　　　　총괄 주관하는 기능을 생각이라고 **말합니다.**

　　　　생각은 영혼 안에 있는 영의 기능**입니다.**

영은 생각하고, 계획하고, 육체에 **명령을 내리는 위치에 있기 때문**

영은 **사람의 조직과 구조의 위치에** 있어서 주인**입니다.**

영이 주인의 직무를 **담당하고 있기 때문에**

　　　　사람이 **하는 모든 잘잘못의 책임을** 이 영이 지게 **됩니다.**

☑ 로마서 2장

9 악을 행하는 **각 사람의 영에는** 환난과 곤고가 있으리니

　　먼저는 유대인에게요 그리고 헬라인에게며

10 선을 행하는 **각 사람에게는** 영광과 존귀와 평강이 있으리니

　　먼저는 유대인에게요 그리고 헬라인에게라

영은 사람의 주인으로서 하는 주 임무는 생각입니다.
주인이 어떤 생각을 가지고 종에게 명령을 내리느냐? 에
따라서 모든 결과가 달라집니다.

사람의 영혼 안에 있는 영의 생각이 아무리 많아도
두 종류로 나누어집니다.
하나는 영의 생각이고
하나는 육신의 생각입니다.

영의 생각이란?
하나님께서 나에게 주시는 명령 곧 선을 행하겠다고
내 영이 선택하여 원함을 가질 때 이를 영의 생각이라고 말합니다.

육신의 생각이란?
마귀가 나에게 주는 명령 곧 악을 행하겠다고
내 영이 선택하여 원함을 가질 때 이를 육신의 생각이라고 말합니다.

영의 생각의 결과는 생명과 평안이고
육신의 생각의 결과는 사망입니다.

☑ 4. 마음의 기능인 선과 악

로마서 7장 21절
내가 한 법을 깨달았노니
곧 선을 행하기 원하는 나에게 악이 함께 있는 것이로다

영이 주인으로서 **독립적인 생각과 계획과 명령을 하지만**
영의 구조 안에는 **정보가 없습니다.**

육체의 기능을 **총괄하는 곳은**
머리 중앙에 **있는** 시상하부입니다.
　　　　　　시상하부가 육체의 모든 것을 **총괄하지만**
　　　　　　그에 대한 정보는 뇌에 저장되어 **있습니다.**

이와 같이 영혼의 구조에서도
　　　　　영이 주인으로써 **생각하고 계획하는 모든 정보는**
　　　　　영에 있지 않고　마음에 있습니다.

☑ **신명기 6장**
6 오늘 내가 네게 명하는 이 말씀을 너는 마음에 새기고

마음은 사람들이 **이 세상을 살아가면서**
　　　　　　필요한 모든 지혜들이 **저장되어 있습니다.**

마음은 육체 머리에 **있는 뇌와 같이**
　　　　　　　모든 지혜들이 **저장되어 있는 곳입니다.**

마음 안에 **셀 수 없이 많은**　지혜들이 **저장되어 있을지라도**
　　　　　　이를 분류하면 두 종류로 나누어집니다.

하나는 빛의 나라의 주인이신 하나님께서
사람들에게 내리시는 명령들로
성경은 이를 선이라고 말합니다.

하나는 어두움의 나라의 주인인 마귀가
사람들에게 내리는 명령들로
성경은 이를 악이라고 말합니다.

시조 아담이 범죄하기 전에 아담의 마음 안에는
하나님의 선하신 명령들만 저장되어 있었는데
마귀가 뱀을 이용하여   아담의 마음 안에
마귀의   악한 명령들을 저장하였습니다.

이후 아담의 모든 후손들의 마음 안에는
하나님의 선과 악이 저장되어 유전으로 물려주고 있으며
사람들이 살아가면서 후천적으로 받게 되는
모든 명령들도 마음 안에 저장되고 있습니다.

사람들이 이 세상을 살아가면서
선한생각과 악한 생각을 하게 되는데
이는 마음 안에 있는 선과 악의 지혜가
영에게 제공되어 영이 생각을 하는 것입니다.

 **5. 육체의 성령의 열매와 육체의 열매**

> 갈라디아서 5장 19, 22–23절
> **육체의 일은 분명하니 곧** 음행과 더러운 것과 호색과
> **이런 일을 하는 자들은 하나님의 나라를 유업으로 받지 못할 것이요**
> 오직 성령의 열매는
> 사랑과 희락과 화평과 오래 참음과 자비와
> 양선과 충성과 온유와 절제니

육체는 영의 명령에 **따라 행동을 합니다.**
영이 사람의 주인으로서 육체를 **사용한 결과에 대해서**
영의 주인이신 하나님 **앞에서 최종 심판을 받게 됩니다.**

천국과 지옥, 생명과 사망을 결정하는
심판의 조건은 주인이 내린 명령대로 순종했느냐?
불순종했느냐? **입니다.**

성경은 육체의 행위를 나무의 열매에 **비유하여 가르쳐 줍니다.**

수많은 나무의 종류의 열매의 **이름들이 있지만**
육체에서 맺는 열매는 둘로 **나누어집니다.**

하나는 성령의 열매
하나는 육체의 열매 **입니다.**

성령의 열매란?

하나님께서 나에게 내리신 명령을

　　　영이 육체에 하달하여 육체가 순종하여 **결과를 얻게 됩니다.**

육신의 눈으로 **보면** 내가 **행동을** 했지만

　영의 눈으로 **보면**

하나님의 명령대로 **일이 이루어졌기 때문에**

　　　　　　　　이를 성령의 열매라고 **말합니다.**

육체의 열매란?

마귀가 나에게 내린 명령을

영이 육체에 **하달하여** 육체가 순종하여 **결과를 얻게 됩니다.**

육신의 눈으로 **보면** 내가 **행동을** 했지만

　영의 눈으로 **보면**

마귀의 명령대로 **일이 이루어졌기 때문에**

　　　　　　　　이를 육체의 열매라고 **말합니다.**

성경을 **부분적으로 보면**

　　　천국과 지옥, 생명과 사망을 **결정하는**

　　　기준이 각각 다른 것처럼 보이지만 절대 다른 것이 아닙니다.

육체가 성령의 열매를 **맺기 위해서는** 하나님을 주인으로 **선택하고**

　　　　　영이 하나님의 명령인 영의 생각을 **선택하여 원함을 가지고**

육체에게 **명령을 내릴지라도** 육체가 **순종하지 않으면**

　　　　　　　　육체는 성령의 열매를 **맺지 못합니다.**

✦ 완성된 영혼구원 그림

영 혼 구 원

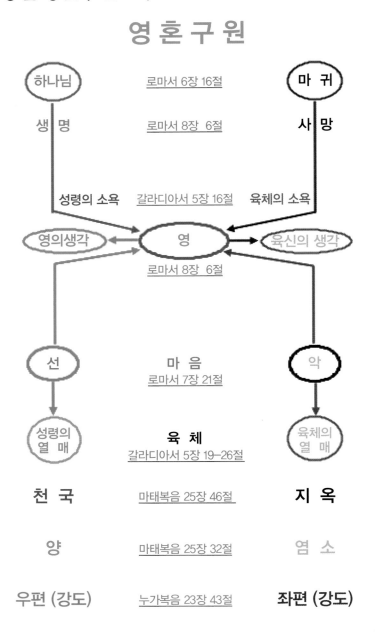

하나님	로마서 6장 16절	마 귀
생 명	로마서 8장 6절	사 망
성령의 소욕	갈라디아서 5장 16절	육체의 소욕
영의생각 → 영 ← 육신의 생각	로마서 8장 6절	
선	마 음 로마서 7장 21절	악
성령의 열 매	육 체 갈라디아서 5장 19–26절	육체의 열 매
천 국	마태복음 25장 46절	지 옥
양	마태복음 25장 32절	염 소
우편 (강도)	누가복음 23장 43절	좌편 (강도)

영혼이나 영혼의 구조는 육신의 눈으로 **볼 수도 없고**
　　　　　　　　　　　　　　　　　　　이해할 수도 없습니다.
그러므로 하나님께서 사람과 사물을 **그림자와 비유로 사용하여**
　　　영혼구원 방법을 **가르쳐주지만 결코 쉽지 않습니다.**

여러분이 이 시간 배운
사람의 모습 속에 감추어둔 영혼의 모습을 **알고**
성경본문이나
사람들의 현재의 모습을 이 영혼의 그림과 **맞추어 보면**
누구나 쉽게 성경을 해석할 수 있고
　　　영혼구원 받는 방법을 **알 수 있습니다.**

사람 육체 안에는 오장 육부 곧 12장부가 들어 있습니다.
오장 육부는 육체 안에 있기 때문에 육체를 **해부하지 않고는**
오장 육부를 **볼 수도 없고** 오장 육부를 **설명하기도 어렵습니다.**

오장 육부를 설명해주기 위해
사람으로 대신 사용한다면 몇 사람이 **필요하겠습니까? 12명입니다.**

영혼 구원하는 방법도
사람으로 대신하여 설명해 주려면 12명의 사람이 필요합니다.

앞 시간에
사무엘상 1장**에서는 엘가나, 한나, 브닌나**　　　　　　**3 사람으로**
　　　롯기**에서는 엘리멜렉, 나오미, 룻, 보아스**　　　**4 사람으로**
　　　　　　보여주는 영혼구원의 모습을 보았습니다.

✦ 아브라함의 영혼구원 그림에 담아 해석하기

아브라함의 구속사

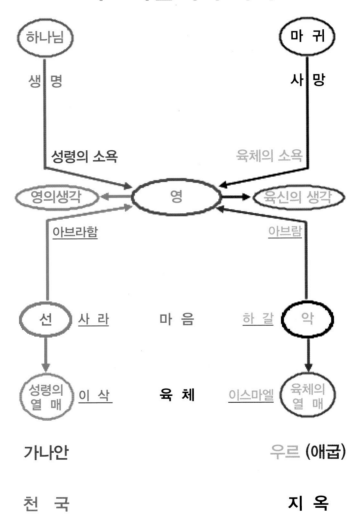

아브라함은 유대인이나 **이방인이나**

믿음의 모델이고 표준입니다.

그러므로 아브라함 **가족 속에 감추어둔**

영적 실체들을 알고 해석할 수 있으면
모든 성경을 영혼구원의 방법으로 해석할 수 있습니다.

육신의 눈으로 **보이는** 아브라함의 가족은 5명입니다.
아브라함, **부인인** 사라와 하갈, **자녀인** 이삭과 이스마엘

아브라함의 가족은 5명이지만
영의 눈으로 보는 영혼구원 해석에서는

5명의 숫자의 **변화에** 따라 해석이 각각 달라집니다.

영의 눈으로 보는 아브라함의 가족의 영적 실체

1. 1명
   1) 아브라함, 사라 = 나, 영혼

2. 2명
   1) 아브라함, 사라 = 영, 마음
   2) **아브람, 아브라함**= 육신의 생각과 영의 생각

   옛 사람과 새 사람
   3) 사라, **사래**   = 영의 생각 육신의 생각

   마음의   선과 악

4) 사라, **하갈** = 마음의 선과 **악**

5) 이삭, 이스마엘 = 성령의 열매와 육체의 열매

3. 3명

1) **마귀,** 아브람, 사래 = **사망,** 육신의 생각, 마음의 악

2) 하나님, 아브람, 사래 = 생명, **육신의 생각,** 마음의 악

3) 아브라함, 사라, **이삭** = 영, 마음, 육체

(영의 생각, 마음의 선, **성령의 열매**)

3) 아브람, 하갈, 이스마엘 = 영, 마음, 육체

(육신의 생각, 마음의 악, 육체의 열매)

4. 4명

1) 아브람, <u>사래, **하갈,**</u> 이스마엘

= 영, 마음, **육체**

(육신의 생각, 마음의 악,, 악,, 육체의 열매)

5. 5명

1) 아브라함, <u>사라, **하갈,** 이삭, **이스마엘**</u> = 영, 마음, **육체**

6. 6명

1) 아브라함, 사라, **이삭** (영의 생각, 마음의 선, **성령의 열매**)

아브람, 하갈, **이스마엘** (육신의 생각, 마음의 악, **육체의 열매**)

7. 8명

1) 하나님 = 생명

아브라함, 사라, **이삭** (영의 생각, 마음의 선, **성령의 열매**)

2) 마귀   = 사망

    아브람,   하갈, **이스마엘** (육신의 생각, 마음의 악, **육체의 열매**)

8. 12명

  1) 하나님,   성령의 소욕,   생명

     아브라함,   사라,   이삭

     (영의 생각,   마음의 선,   성령의 열매)

     마귀,   육체의 소욕,   **사망**

     아브람,   하갈,   **이스마엘**

     (육신의 생각,   마음의 악,   **육체의 열매**)

성경에서 **이렇게 여러 사람을 등장시키는 것은**
        죽은 영혼의 모습과
        병든 영혼의 모습을 자세하게 보여주기 위함입니다.

마태복음 25장을 **보면** 예수님께서 **보좌에 앉아 심판하실 때**
        목자가 양과 염소를 **구분하는 것처럼**
            오른편에 의인을 왼편에 악인으로 **나누었는데**
          이들은 예수님 믿고 **교회를 다녔던** 교인들 **입니다.**

아담의 후손으로 태어난 세상의 모든 사람들은
왼편에 있는 염소와 **같은** 악한 자들로 **태어나서**
        마귀를 주인으로 **선택하여**
        마귀의 명령을 마음에 저장**하여**
      영이 마귀의 명령인 육신의 생각을 **선택하여**
            육체의 열매를 **맺으면서 살아갑니다.**

영혼구원은 **이렇게 사망 가운데 있는 사람들을 교회로 인도하여**

오른 편에 있는 양 같은 의로운 자들로

예수님을 주인으로 **선택하여**

예수님의 명령을 마음에 저장**하여**

영이 예수님의 명령인   영의 생각을 **선택하여**

성령의 열매를 **맺으면서 살아갑니다.**

성경은 영혼구원의 책이고 생명의 양식이라는 **말은**

이렇게 왼편에 있는 염소와 같은 악인들을

오른편에 **있는**   양과 같은 의인들로

만드는 방법을 기록해 두었기 때문입니다.

제 9 강
사 차원 성경해석 방법

에베소서 3장 19절

AD 47년경 사도행전 13장에서 안디옥 교회는
    기독교 역사 최초로 바울과 바나바를 선교사로 파송하였고
    이들을 통해 갈라디아 지방에 교회들이 세워지게 되는데

    이를 1차 전도라고 말합니다.
바울의 2차 전도때 빌립보, 데살로니가, 고린도교회를 세우고
    3차 전도때인 AD 53년경 에베소 지방의
        두란노 서원에서 2년 동안 머물며 가르칩니다.

지난 7년 동안 많은 교회가 세워지고 성도들이 많아지고
    신앙이 깊어가는 중 바울은 가르침에 문제점을 발견합니다.

초대교회 설교는 대부분
구약에서 예언한 메시야가 예수님이시라는데 포커스를 두고
    육적인 공생애 사역을 전하는데 초점을 두었습니다.

바울은 **이런 기초적인** 설교의 문제점을 **발견하게 되는데**
곧 교인들의 영은 성장하는데 설교는 제자리걸음인 **것입니다.**

교인들의 영의 성장 상태를 **성경에서 찾아보면**
갓난아이, 어린아이, 아이, 청년, 장년의 5단계로 **구분합니다.**

☑ **베드로전서 2**
2 갓난아기들 같이 순전하고 신령한 젖을 사모하라

☑ **고린도전서 3장**
1 형제들아 내가 신령한 자들을 대함과 같이
너희에게 말할 수 없어서 육신에 속한 자
곧 그리스도 안에서 **어린 아이들을** 대함과 같이 하노라

☑ **요한 1서 2장**
14 **아이들아** 내가 너희에게 쓴 것은
너희가 아버지를 알았음이요
아비들아 내가 너희에게 쓴 것은
너희가 태초부터 계신 이를 알았음이요
청년들아 내가 너희에게 쓴 것은 너희가 강하고 하나님의 말씀이
너희 안에 거하시며 너희가 흉악한 자를 이기었음이라

초등학생과 **대학생에게 공급되는** 지식의 양식이 **다르듯이**
영의 성장 상태에 따라 **공급되는** 생명의 양식이 **달라야 합니다.**

바울은 에베소의 두란노 서원에서 가르치는 중에
하나님께서 주신 지혜로 성경을 보는 눈이 뜨이게 되면서
성도들의 영의 수준에 맞는 성경해석 방법을 찾게 됩니다.

바울이 찾아낸 성경해석 방법을 사차원 해석이라고 말합니다.

이 시간 배울 제 9 강은 사 차원 성경해석입니다.

제 9 강
사 차원 성경해석 방법

에베소서 3장 19절

 에베소서 3장 18-19절 읽어 봅시다

> ### 에베소서 3장 18-19절
> **능히 모든 성도와 함께 지식에 넘치는**
> 그리스도의 사랑을 알고 **그 너비와** 길이와 높이와 깊이가
> **어떠함을 깨달아** 하나님의 모든 충만하신 것으로
> **너희에게 충만하게 하시기를 구하노라**

사차원의 용어는 수학과 과학에서 **사용된** 말입니다.
사람들과 관계된 공간과 시간을 네 개의 수로
나타낼 수 있음을 이르는 말입니다.

✦ 사 차원의 3가지 주장들

1	1차원 점, 2차원 선, 3차원 면, 4차원 시간
2	1차원 가로, 2차원 세로, 3차원 공간, 4차원 시간
3	1차원 선, 2차원 면적, 3차원 시간, 4차원 우주

기독교에서 흔히 사용하는 사차원 영성이란 말은
1번처럼 1, 2, 3, 4 차원으로 나누어 말하는 사차원이 아닙니다.

기독교에서 사용하는 사차원 영성은
1, 2, 3차원을 하나로 묶는 육신의 세계와
3번에 나오는 사차원의 우주를 영의 세계로 나누어
우주 곧 영의 세계가 사차원에 속하기 때문에
사차원에서 보는 영성을 말하는 것입니다.

✦ 바울이 말하는 사 차원

세 상	1차원 점, 2차원 선, 3차원 면, 4차원 시간
바 울	1차원 길이, 2차원 높이, 3차원 너비, 4차원 깊이

세상 과학에서 말하는 사차원은
서있는 위치는 같은데 보는 눈의 차이
곧 수직, 수평, 전체, 시간의 다른 사차원입니다.

바울이 말하는 사차원은

서있는 위치도 다르고 보는 눈도 다릅니다.

곧 길이, 높이, 너비, 깊이의 다른 사차원입니다.

1. 길이

길이는 육신의 몸을 가지고 세상에 그대로 서서

육신의 눈에 보이는 그대로를 보는 것입니다.

2. 높이

높이는 육체와 분리된 영혼의 위치인 영의 세계에 서서

영의 눈으로 성경을 보는 것입니다.

(이렇게 영혼의 위치에 서서

성경을 해석하는 것을 영해라고 말합니다)

3. 너비

너비는 영의 세계의 위치에 서서

영의 사역, 곧 선지자, 제사장, 왕의 사역과

영혼의 구조와 기능인

생명, 영, 마음의 활동 전체를 보는 것입니다.

4. 깊이

깊이는 영의 세계의 위치에 서서

영의 사역, 곧 선지자, 제사장, 왕의 사역과

영혼의 구조와 기능인

생명, 영, 마음의 각각의 활동을

더 깊게 살펴보는 것입니다.

(이를 마음으로 성경을 본다고도 말합니다)

바울이 **찾아낸** 사차원 방법은 교인들의 영적 성장에 **따라**
말씀을 더 넓고, 깊게 **가르치기 위해서** 찾아 낸 방법입니다.

성경의 본문은 **하나지만** 성경을 받는 대상은 **다릅니다.**
1. **불신자** 2. 초신자 3. 교인 4. 성도

말씀을 받는 **성도들의** 영의 성장 상태도 **다릅니다.**
1. 간난아이 2. 어린아이 3. 아이 4. 청년 5. 장년

초등학생에게 대학교의 **수준의 공부를 가르칠 수 없고.**
대학생에게 초등학교 **수준의 공부를 가르칠 수 없듯이**
이렇게 **다양한** 사람들에게 말씀을 **먹이기 위해서는**
통일된 한 가지 뜻만으로 양육할 수는 없습니다.

성경은 **크게** 두 종류의 사람들을 향해
두 가지 방법을 **사용하여** 선포합니다.

✪ 두 종류의 사람들과 두 가지 방법

육신의 사람들	역사, 사람들을 등장시킨 육적용어
영적인 사람들	영적실체를 등장시킨 영적용어

첫째 세상 사람들과 영의 눈을 **뜨지 못한** 교인들에게
육신의 눈에 **보이는** 역사, 사람, 사물을 **사용한**
육적용어와 육적문자로 **선포합니다.**

둘째 영의 눈이 **뜨여진** 성도들에게

　　　　육신의 눈에 **보이는** 역사, 사람, 사물도 **사용하고**

　　　　영의 눈에 **보이는** 영적 실체와 영적 용어로 **선포합니다.**

☑ 에베소서 5장 26절 읽어 봅시다

에베소서 5장 26절

이는 곧 물로 씻어 말씀으로 **깨끗하게 하사**
거룩하게 하시고

물	육적 용어
말 씀	영적 용어

에베소서 5장 26절은

　　　物과 말씀이 **각각 다르게 보이지만 실체는 똑같은 내용으로**
　　　말씀으로 죄를 씻는다는 것을 가르쳐 주는 것입니다.

　　　이렇게 육적용어인 물과 영적용어인 말씀을
　　　　　　　　함께 사용하여 말하는 것은
　　　이 글을 받는 대상이 어린아이와 같은 교인들도 있고
　　　　　　　　장성한 교인들도 있기 때문입니다.

교인들이 교회를 **떠나는 이유 중에 하나는** 10년, 20년, 30년이 **지나도**
　　　영혼구원 받지 못한 사람들을 **구원하기 위해 기록된**
　　　역사, 사람, 사물을 문자 그대로 전해주고 있고
　　　또 구원받아 성장하고 장성한 성도들에게도
　　　　　　　　여전히 젖만 먹이고 있기 때문입니다.

히브리서 5장 12-13절
때가 오래 되었으므로 너희가 마땅히 선생이 되었을 터인데
너희가 다시 하나님의 말씀의 초보에 대하여
누구에게서 가르침을 받아야 할 처지이니
단단한 음식은 못 먹고 젖이나 먹어야 할 자가 되었도다
이는 젖을 먹는 자마다
어린 아이니 의의 말씀을 경험하지 못한 자요

한국교회는 아직까지 본문의 문자 그대로 전해주거나
본문 안에 한가지의 뜻만 들어있다 생각하고
한가지의 뜻만 찾아 전해줍니다.
어린아이가 젖만 먹고 살면 성장하겠습니까?

지금 한국교회 성도들은 다양한 생명의 양식을 먹고 성장하여
어두운 악의 세력을 물리쳐야 할 때입니다.

이런 위급한 사실을 알고 있는 목회자들이 많이 있지만
아직도 여전히 영혼이 먹지 못하는
육체를 즐겁게 하는 해석과 설교만 하고 있습니다.

여섯 번째 시간에서 배웠듯이
성경을 어떻게 해석하는 가가 중요한 것이 아닙니다.
하나님께서 성경 8630구절을 사용하여
말씀하시고자 하는 다섯 가지 영적실체를 찾아서
그 실체의 위치에 서서 성경을 보고 해석하는 것이 중요합니다.

☑️ 하나님께서 말씀하시는 다섯 가지 영적실체

다섯 가지 영적실체

영의 눈이 소경인 사람들에게는

    여전히 역사, 사람, 문자 그대로 전해주어야 하지만

영생을 얻은 하나님의 자녀들에게는

    하나님께서 **역사, 사람, 문자를 사용하여** 말씀하시려는

    영적실체를 **찾은 후에 해석하여 전해주어야 합니다.**

    영적 실체를 **찾아 전해 준다고 해도**

    영의 성장수준이 **다르기 때문에**

    아이에게는 아이에게, **청년에게는 청년에게,**

    장년에게는 장년의 수준에 **맞게 먹을 수 있도록**

    성경을 해석하여 **전해주어야 합니다.**

바울의 일 차원해석

일차원은 육체가 서 있는 위치에서

육신의 눈에 **보이는** 역사, 사람, 사물의 문자를 **그대로 보는 것입니다.**

육신의 눈으로 성경을 보는 것은
성경에 **무엇이** 기록되어 있는지 알기 위해서 보는 것이기 때문에
성경에 **기록된** 눈에 보이는 문자 그대로를 인정하는 것입니다.

☑️ **1. 일 차원 성경 보는 방법 = 성경공부와 역사를 공부할 때**

성경공부나 역사		잘못된 성경해석	
포도나무	포도나무	포도나무	예 수 님
성 전	성 전	성 전	예 수 님
육적 용어	육적 용어	육적 용어	영적 용어

이단들은 **무조건** 성경은 비유**이기** 때문에 영적으로 해석**합니다.**
1차원 해석에서 영적으로 해석**하는 것은 잘못된 것입니다.**

성경은 육적 문자와 영적 문자 **두 종류로 기록되어 있는데**
성경공부나 역사를 **전해주려면 성경을 해석해서는 안 됩니다.**
육신의 눈에 **보이는 역사, 사람, 사물의**
기록된 문자 그대로 전해 주어야 합니다.

1차원에서 포도나무는 포도나무 **입니다.**
성전은   성전 **입니다.**

요한복음 15장에서 포도나무를 예수님이라 **가르쳐주고 있기 때문에**
에베소서 5장 26절과 같이 포도나무가 예수님이 되지만
이런 언급이 없는 곳에서의 1차원은 포도나무는 포도나무 입니다.

☑️ 2. 일 차원 성경 보는 방법 = **설교를 위한 해석을 할 때**

잘못된 성경해석		1 차원 성경해석	
포도나무	포도나무	포도나무	예 수 님
성 전	성 전	성 전	예 수 님
육적 용어	육적 용어	육적 용어	육적 용어

성경공부나 역사가 **아닌** 영혼이 **먹는** 생명의 양식에서는

　　　　　반드시 영적실체를 **찾아** 해석해 주어야 합니다.

예수님 1차원 해석에서 포도나무는 예수님 **입니다.**

　　　　　성전은 예수님 **입니다.**

영의 세계의 **위치에서는** 육신의 세계의 것이 **존재하지 않습니다.**

　　　포도나무와 성전은 육신의 세계에 　　**존재하는 것입니다.**

영의 세계의 **어떤 것 곧 육신의 눈으로 볼 수 없는 것을 가르쳐 주려고**

　　　하나님께서 육신의 눈에 **보이는 육적용어를 사용하여**

　　　성경을 **기록하고 있기 때문에**

　　　영혼이 하나님의 말씀을 **받기 위해서는**

　　　　　반드시 영적실체를 **찾아야 합니다.**

하나님께서 **성경 안에**

하나님께서 **말씀**하시려는 영적실체가 **무엇인지** 밝히고 있고

　　　그에 대한 해석방법과 답을 기록해 두였습니다.

이 차원 해석

2차원은 육체와 **분리되어 벗어난** 영혼의 위치인
　　　영의 세계에 **서서** 영의 눈으로 성경을 **보는** 것입니다.

1차원의 위치에서 성경을 **보면** 포도나무가 **나옵니다.**
2차원　　영의 세계**에는**　　　　포도나무가 **없습니다.**

1차원　육체의 위치에서　포도나무는 포도나무 **입니다.**
2차원　　　영의 위치**에서는** 포도나무는 **없기 때문에**
　　　　　　　　　　　　포도나무는 영적실체의 그림자가 **됩니다.**

　　　하나님께서 영의 세계의 일을 **가르쳐 주려고**
　　　성경을 **기록하고 있기 때문에** 육신의 눈에 포도나무가 **보이면**
　　　하나님께서 **말씀하시려는** 영적실체**를 찾아야**
　　　　　　　　　　　본문의 뜻을 해석할 수 있습니다.

☑ 이 차원 성경 보는 방법

이 차원 성경해석	
포도나무	예 수 님
성 전	예 수 님
육적 용어	육적 용어

잘못된 성경해석	
포도나무	포도나무
성 전	성 전
육적 용어	육적 용어

1차원 육체의 위치에서 성경을 보면 포도나무와 성전이 진짜입니다.
2차원 영의 세계에서 볼 때 육신의 눈으로 볼 수 있도록 사용된
역사, 사람, 사물은 영의 세계에 존재하지 않기 때문에
그림자가 됩니다.

육신의 눈으로 보이는 포도나무와 성전은 영혼이 먹을 수 없습니다.
영의 실체인 예수님으로 바꾸어 주어야 영혼이 먹을 수 있습니다.

☑ 이 차원 성경 보는 방법 실습

잘못된 성경해석			
아 담	아 담
모 세	모 세
육적 용어	육적 용어

이 차원 성경해석			
아 담	예 수 님
모 세	예 수 님
육적 용어	영적 용어

대부분 성경을 육신의 눈에 보이는
1차원 위치에서 성경을 해석하고 있어 문제가 발생합니다.

아담은 예수님의 예표다, 상징이다.
모세는 예수님의 예표다, 상징이다. 라고 말하고 있습니다.

성경은 아담, 모세, 포도나무, 성전을
전해주려고 기록하고 있는 것이 아니고
예수님을 전해주려고 기록하고 있기 때문에
예수님의 예표, 상징이라는 말은 잘못된 것입니다.

☑️ 요한복음 5장 39절 읽어 봅시다

요한복음 5장 39절
너희가 성경에서 영생을 얻는 줄 생각하고
성경을 연구하거니와
이 성경이 곧 내게 대하여 증언하는 것이니라

2차원 영의세계는 역사, 사람, 사물이 존재하지 않습니다.
2차원 해석에 있어서　　사람, 사물은
　　　모두　　영적실체를 전해주기 위한 그림자이기 때문에
　　　반드시 영적실체를 찾아야 합니다.

　　　영적실체의 첫 번째의 답은
　　　　　　　예수님의 예표나 상징이 아닌 예수님 입니다.

　　　영적실체의 두 번째의 답은
　　　　　　　나의 예표나 상징이　　　아닌 영혼 입니다.

삼 차 원 해 석

　　3차원은 영의 세계의 위치에 서서
　　　　　영의 사역, 곧 선지자, 제사장, 왕의 사역과
　　　　　영혼의 구조와 기능인
　　　　　　　생명, 영, 마음의 활동을 전체적으로 보는 것입니다.

☑ 열왕기상 18장 21절 읽어 봅시다

> **열왕기상 18장 21절**
> 엘리야가 모든 백성에게 가까이 나아가 이르되
> 너희가 어느 때까지 둘 사이에서 머뭇머뭇 하려느냐
> 여호와가 **만일 하나님**이면 그를 따르고
> 바알이 **만일 하나님**이면 그를 따를 지니라

열왕기상 18장 21절을
육신의 눈으로 **보면** 엘리야 선지자가
 갈멜산에서 바알의 선지자들과 **싸우는** 내용입니다.

 이를 사역으로 보면 엘리야의 직분은 무엇입니까?
 선지자 입니다.

✦ 삼 차원해석하기

삼 차원해석		
1 차 원	엘 리 야	말씀선포
2 차 원	엘 리 야	예 수 님
3 차 원	예 수 님	선지자 사역

1차원 육신의 위치에서 **보면**
　　　엘리야가 하나님의 **보내심을 받아 말씀을** 선포하고 있습니다.

2차원 영혼의 위치에서 **보면**
　　　엘리야는 **사람이기 때문에**
　　　　　　사람의 영적실체 첫 번째 답은 예수님 **입니다.**

3차원 사역의 위치에서 **보면**
　　　예수님께서 말씀 선포인 선지자 사역을 **하고 있습니다.**

열왕기상 18장 21절은
　　　엘리야의 선지자 사역을 **전해주기 위해서**
　　　　　　　기록하고 있는 것이 아닙니다.
　　　엘리야를 **사용하여** 예수님께서 선지자 사역을 **하신 것을**
　　　　　　전해주기 위해 기록하고 있는 것입니다.

열왕기상 18장 21절은
　　　예수님께서 **장차 육신의 몸을 입으시고** 세상에 오셔서
　　　　　엘리야처럼 백성들에게 말씀을 전하는
　　　　　　선지자 사역을 하실 것을 보여주고 있는 것입니다.

✦ 읽어 봅시다

열왕기상 18장 21절
엘리야가 모든 백성에게 가까이 나아가 이르되
너희가 어느 때까지 둘 사이에서 머뭇머뭇 하려느냐
여호와가 만일 하나님이면 그를 따르고
바알이 만일 하나님이면 그를 따를지니라

요한복음 14장 10절
내가 아버지 안에 거하고 아버지는 내 안에 계신 것을
네가 믿지 아니하느냐 내가 너희에게 이르는 말은
스스로 하는 것이 아니라
아버지께서 내 안에 계셔서 그의 일을 하시는 것이라

사 차원 해석하기

4차원은 영의 세계의 위치에 서서
영의 사역 곧 선지자, 제사장, 왕의 사역과
영혼의 구조와 기능인
생명, 영, 마음의 각각의 활동을 더 깊게 살펴보는 것입니다.

☑ 출애굽기 32장 32절 읽어 봅시다

출애굽기 32장 32절
그러나 이제 그들의 죄를 사하시옵소서
그렇지 아니하시오면 원하건대 주께서 기록하신
책에서 내 이름을 지워 버려 주옵소서

출애굽기 32장 32절을

육신의 눈으로 **보면** 모세가 금송아지를 만들어

하나님께 **죄를 지은 백성들을** 대신해서 간구하는 내용입니다.

✳ 사 차원 해석하기

사 차원 해석		
1 차 원	모　세	기　도
2 차 원	모　세	예 수 님
3 차 원	예 수 님	제사장 사역
4 차 원	예 수 님	사랑, 긍휼

1차원 육신의 위치에서 **보면**

　　　모세가 백성들을 대신하여 간구하고 있습니다.

2차원 영혼의 위치에서 **보면**

　　　모세는 **사람이기** 때문에

　　　사람의 영적실체 첫 번째 답은 예수님 **입니다.**

3차원 사역의 위치에서 **보면**

　　　예수님께서 속죄 사역인 제사장 사역을 **하고 있습니다.**

4차원 마음 깊이의 위치에서 **보면**

　　　예수님의 마음인 긍휼과 사랑과 인자의

　　　　　　　　　모습을 볼 수 있습니다.

☑️ 골로새서 3장

12 그러므로 너희는 하나님이 택하사 거룩하고 **사랑 받는 자처럼**

긍휼과 **자비**와 겸손과 온유와 오래 참음을 옷 입고

☑️ 누가복음 23장 34절 읽어 봅시다

출애굽기 32장 32절

그러나 이제 그들의 죄를 사하시옵소서

그렇지 아니하시오면 원하건대 주께서 기록하신

책에서 내 이름을 지워 버려 주옵소서

누가복음 23장 34절

이에 예수께서 이르시되

아버지 저들을 사하여 주옵소서

자기들이 하는 것을 알지 못함이니이다

출애굽기 32장 32절은 모세가 이스라엘 백성들을 위해

기도하는 모습을 전해주려고 기록하고 있는 것이 아닙니다.

예수님께서 우상 숭배하여 죽을 수밖에 없는

나를 위해 기도하는 모습을 전해주고 있는 것입니다.

☑️ 요한복음 5장 46절 읽어 봅시다

요한복음 5장 46절

모세를 믿었더라면 또 나를 믿었으리니

이는 그가 내게 대하여 기록하였음이라

지난 9시간 동안

예수님께서 **가르쳐주신** 영적실체 다섯 가지로

성경을 해석하는 방법과

바울이 **가르쳐준**   4차원 성경해석 방법을 **배웠습니다.**

이를 잘 응용하면

본문을 **가지고** 최소 10가지 이상의 방법으로 해석할 수 있습니다.

성경은 **세상의 모든 사람들에게** 주시는 말씀이기 **때문에**

성경을 **읽게 되는** 누구든지 말씀을 **받을 수 있도록 되어 있고**

예수님의 제자는   **누구에게든지**

성경을 해석하여 **전해줄 의무가 있습니다.**

지금은 우리가 성경을 해석하는 **지식이 미약하지만**

10가지 방법을 훈련하고 **활용하면**

예수님의 명령을 **잘 순종할 수 있습니다.**

제 10 강
예수님 증인되는 방법

요한복음 5장 39절

 요한복음 5장 39절 읽어 봅시다

> 요한복음 5장 39절
> 너희가 성경에서 영생을 얻는 줄 생각하고
> 성경을 연구하거니와
> 이 성경이 곧 내게 대하여 증언하는 것이니라

신앙생활을 하면 가장 많이 듣는 말 중 하나는
성경은 예수님에 대한 기록이라는 것입니다.

성경이 예수님에 대한 기록이라면
성경 어느 곳에서든지 예수님에 대하여 전해주고 있다는 말입니다.

예수님의 지상 최대 명령은
예루살렘과 온 유대와 사마리아와 땅 끝까지
예수님의 증인이 되라는 것입니다.

예수님의 증인하면 **대부분**
예수님의 **출생과 사역이 기록된** 복음서에서 **찾고 있지만**

예수님의 증인되기 **위해서는**
　　　성경 66권 어느 곳을 펼치든지 그 문장을 보고
　　　예수님을 **찾고 전해 줄 수 있어야 합니다.**

문제는 구약에 예수라는 **이름이 나오지 않기 때문에**
　　　구약을 **펼치면** 예수님 이야기 **찾기가 쉽지 않습니다.**

이 시간 배울 제 10 강은　예수님의 증인되는 방법입니다.

제 10 강
예수님 증인되는 방법
요한복음 5장 39절

제 3 강 성경 해석하는 방법에서
성경을 예수님으로 해석하는 방법에 **대해서 간단히 살펴보았습니다.**

앞으로 5주 동안
성경을 예수님으로 해석하는 방법에 **대해서**
　　　　　　　좀 더 자세하게 살펴보고자 합니다.

✅ 요한복음 2장 19, 21절 읽어 봅시다

요한복음 2장 19, 21절
예수께서 대답하여 이르시되
너희가 이 성전을 헐라 내가 사흘 동안에 일으키리라
예수는 성전 된 자기 육체를 가리켜 말씀하신 것이라

예수님께서 제자들에게 성경을 보고, 예수님으로 해석하여
예수님을 증언하는 방법을 가르쳐 주셨습니다.

성경 66권을 가지고 예수님의 증인이 되기 위해서는
먼저 성경을 예수님으로 해석하는 방법을 알아야 합니다.

성경은 육신의 세계가 아닌
영의 세계를 전해주기 위해 기록한 것인데
영의 세계는 육신의 눈으로 볼 수 없습니다.

영의 세계와 영의 세계의 용어를 그대로 전해주면
육신을 가지고 있는 사람들은 알 수 없습니다.
그러므로 성경을 기록하면서 사람들이 쉽게 듣고 이해할 수 있는
역사와 사람, 사물을 비유로 사용하여 기록하고 있습니다.

에덴동산, 아담, 생명나무, 노아, 방주, 모세, 아브람, 등은
역사 속에서는 진짜 입니다.

그러나 성경은

에덴동산, 아담, 생명나무, 노아, 방주, 모세, 아브람, 등이

무엇인지 가르쳐주려고 기록한 것이 아닙니다.

사람과 사물을 **사용하여** 하나님께서 말씀하시려는

영의 세계의 실체들과

영의 세계의 일들에 대해서 가르쳐 주려고 기록한 것입니다.

☑ 영의 세계 실체 다섯 가지 읽어 봅시다.

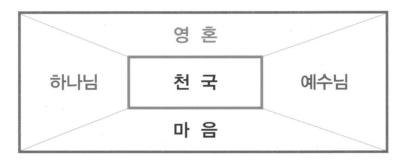

하나님께서 성경을 통해 말씀하시려는

영의 세계의 영적 실체 다섯 가지는

하나님, 예수님, 영혼, 마음, **천국입니다.**

육신의 눈으로 **보면** 성경에 기록된

에덴동산, 아담, 생명나무, 노아, 방주, 모세, 아브람, 등은

하나님, 예수님, 영혼, 마음, **천국을 설명해 주기 위한 그림자입니다.**

육신의 눈에 **보이는** 것은 그림자이고
　영의 눈에 **보이는** 것이 그림자가 **가르쳐 주려는** 영적 실체**입니다.**

　영의 눈에 **보이는** 영적실체 다섯 가지
　　　하나님, 예수님, 영혼, 마음, **천국,** 의 단어가
　　　성경 31073 구절 중 8630 구절에서 **사용되고 있습니다.**

대부분 목회자들이나 **성경해석자들은**
구약을 해석하면서 상징, 예표라는 **말을 많이 사용합니다.**
이는 구약에 예수님이름이 **나오지 않기 때문입니다.**

목회자들은 설교를 **하면서** 자신이 **말하고 있는 것이 아니고**
　　　　　　하나님께서 말씀하신다고 **말합니다.**
구약에서 **나오는** 하나님은 신약에서 육체를 **입고 오신** 예수님입니다.

☑️ 요한복음 1장
1 태초에 말씀이 계시니라 이 말씀이 하나님과 함께 계셨으니
　이 말씀은 곧 하나님이 시니라

구약에서 **나오는** 하나님이 예수님이시면
　　　　　　　예수님께서는 **창세전부터 사역하셨고**
구약시대에서 믿음의 선조들을 **사용하여** 구원 사역을 **하셨습니다.**

그러므로 예표, 상징이라는 **말은 잘못된 표현으로**
영의 눈이 **열리지 않는** 사람들이 사용하는 용어입니다.

하나님께서는 역사, 사람, 사물을
전해주기 위해 성경을 기록하고 있는 것이 아닙니다.

창세전부터 예수님께서 살아계셔서 하나님으로
믿음의 선조들을 사용하여 사역하고 계시는 것을
전해주기 위해 기록하고 있는 것입니다.

그러므로 육신의 눈으로 성경을 볼 때는
아담, 노아, 아브라함, 모세 등이 보이지만

영의 눈으로 성경을 볼 때는
그들을 사용하여 사역하시는 예수님이 보여야
성경 어느 곳을 펼치든지
예수님의 구원사역을 보고 전해줄 수 있는 것입니다.

☑ 요한복음 5장 46-47절 읽어 봅시다

요한복음 5장 46-47절
모세를 믿었더라면 또 나를 믿었으리니
이는   그가 내게 대하여 기록하였음이라
그러나 그의 글도 믿지 아니하거든
어찌 내 말을 믿겠느냐 하시니라

제 3 강에서 배운 것을 다시 복습해 봅니다.

☑ 레위기 4장 3절 읽어 봅시다

> 레위기 4장 3절
> **기름 부음을 받은** 제사장이 범죄하여
> **백성의 허물이 되었으면**
> **그가 범한 죄로 말미암아** 흠 없는 수송아지로
> 속죄제물을 삼아 여호와께 드릴지니

☑ **질문 1** 레위기 4장 3절 읽고 물음에 답하시오

> 질 문 1
> 우리가 죄를 짓고
> 흠 없는 수송아지를 드리면 용서를 받습니까?

답 : **아닙니다.**

☑ **질문 2**

> 질 문 2
> 우리의 죄는 어떻게 해야 사함을 받게 됩니까?

답 : 예수님의 피의 속죄를 통해 사함을 받게 됩니다.

☑ 에베소서 1장 7절 읽어 봅시다

레위기 4장 3절
기름 부음을 받은 제사장이 범죄하여
백성의 허물이 되었으면
그가 범한 죄로 말미암아 흠 없는 수송아지로
속죄제물을 삼아 여호와께 드릴지니

에베소서 1장 7절
우리는 그리스도 안에서 그의 은혜의 풍성함을 따라
그의 피로 말미암아 속량 곧 죄 사함을 받았느니라

성경해석의 답은 성경 안에 있습니다.
하나님께서 구약의 그림자와 비유로 말하는
영적실체의 답도 성경 안에 있습니다.
수송아지의 피는 그림자와 비유이고
예수님의 피는 영적실체 입니다.

신약에서는   예수님의 실체가 등장하기 때문에
예수님에 대한 증인이 되기 쉽지만
구약에서   예수님께서 사역하고 계시지만
구약에서도   예수님의 이름이 한 번도 나오지 않기 때문에
예수님에 대한 증인이 쉽지 않다고 생각합니다.

그로 인해 영의 눈으로 성경을 보지 못하는 사람들은
예수님을 전해주지 못하고
노아, 아브람, 모세, 다윗, 방주, 성막 등을 전해줍니다.

구약성경을 **가지고** 예수님의 증인이 **되기 위해서는**
사람과 사물을 비유로 **사용하여 전해주고 있는**
영적 실체를 찾아야 합니다.

✦ 읽어 봅시다

사 물	생명나무, **성막**, 성전, 반석, 소, 양, 비둘기, 해, 별
사 람	아 담, **노 아**, 아브라함, 모 세, 아 론, 다 윗

성경에 그림자 23구절, 비유 63구절의 **단어가 사용되고 있습니다.**

성경에서 말하는 그림자는 무엇입니까?
그림자는 어떤 영적 실체가 있는데
그 영적실체를 육신의 눈으로는 **볼 수 없기 때문에**
쉽게 이해하고 설명해주기 위해 대신 사용하는
육신의 눈으로 **볼 수 있는 영적실체의 어떤 것을 말합니다.**
사람이나 사물의 이름은 영적실체의 그림자 **입니다.**

성경에서 말하는 비유는 무엇입니까?
비유라는 말은 성경에 **두 가지로 사용되고 있습니다.**

하나는 그림자처럼 어떤 실체를 **대신하는 것을 말합니다.**
하나는 그림자가 **등장하면 설명과 활동의 내용이 있어야 합니다.**
이렇게 기록되는 문장을 비유 문장이라고 말합니다.

성경에서 **주로 사용되는** 비유라는 단어는
후자의 것으로 비유문장을 줄여서 비유라는 말로 **사용되고 있습니다.**

☑️ **마태복음 13장**

10 제자들이 예수께 나아와 이르되 어찌하여

　　그들에게 **비유로 말씀하시나이까**

33 또 **비유로 말씀하시되** 천국은 마치 여자가 가루 서 말 속에

　　갖다 넣어 전부 부풀게 한 누룩과 같으니라

✳️ 읽어 봅시다

단 어	생명나무, **성막**, 성전, **반석**, 소, 양, 비둘기, **해**, 별,
해 석	예 수 님

단 어	아 담, 노 아, 아브라함, 모 세, 아 론, 다 윗
해 석	예 수 님

생명나무, 성막, 성전, 반석, 소, 양, 비둘기, 해, 달, 별, 은

　　　　　　　　　　사물이며 육적용어 **입니다.**

아담, 노아, 아브라함, 모세, 아론, 다윗, 은

　　　　　　　　사람이며 육적용어 **입니다.**

이와 같이 사물이든지, 사람이든지

　　　　명사나 대명사로 단어만 있는 것을 그림자라고 **합니다.**

성경해석의 기초는 이런 그림자의 영적실체를 찾는 것입니다.
영적실체를 모르고서는 절대 성경을 해석할 수 없습니다.

예수님께서 제자들에게 가르쳐주신 영적실체를 찾는 방법은
구약은 예수님을 전해주기 위한 기록이다.
그러므로 좋은 사물과 좋은 사람이 나오면
영적실체는 예수님입니다.

1. 사물을 예수님으로 해석한 문장

 구약의 문장을 읽어 봅시다

> 출애굽기 17장 6절
> **내가 호렙 산에 있는** 그 반석 **위 거기서 네 앞에 서리니**
> **너는 그** 반석을 **치라**
> **그것에서** 물이 **나오리니** 백성이 마시리라

출애굽기 17장 6절을
육신의 눈으로 보면
반석에서 **나오는** 물을 먹고 백성들이 **살았습니다.**

문장에서 구원과 연관된 단어는 반석과 물 입니다.
반석과 물은 육적 용어로
영적 실체를 **전해주기 위해 사용된 그림자입니다.**

영혼은 육신의 눈에 **보이는 물을 먹을 수 없습니다.**

☑️ 신약의 문장을 읽어 봅시다

요한복음 4장14절
내가 주는 물은 **그 속에서 영생하도록**
솟아나는 샘물이 **되리라**

고린도전서 10장 4절
이는 그들을 따르는 신령한 반석으로부터 **마셨으매**
그 반석은 **곧** 그리스도시라

영혼은 육신의 눈에 **보이는** 물을 **먹을 수 없지만**
영혼은 하나님의   말씀은 **먹을 수 있습니다.**

예수님께서 **가르쳐주신 성경해석 방법**은
성경에서 사물이 **나오면** 예수님 **입니다.**

반석과 물의 신약에서의 해석은 예수님 **입니다.**
반석과 물은 그림자이고
예수님은 하나님께서 **말씀**하시려는 영적실체입니다.

✴ 읽어 봅시다

그 림 자	영 적 실 체
백 성	백 성
반 석	예 수 님
물	말 씀

출애굽기 17장 6절을

　　육신의 눈으로 **보면** 모세가 반석의　　　물을 백성에게 주고 있지만

　　영의 눈으로 **보면** 예수님께서 지금　　말씀을　 나에게 **주고 있습니다.**

　　모세가 반석의 물을 백성에게 **주**는 내용은 이야기로

　　　　영혼이 물을 **먹을 수**　없기 때문에 죽은 말씀이 **됩니다.**

출애굽기 17장 6절에 **나오**는 모세와 반석의 물을

　　　　예수님과 말씀으로 **바꾸어 주면**

출애굽기 17장 6절은

　　　　예수님께서 **지금** 나에게 **주**시는 살아있는 말씀으로

　　　　영혼이 **먹을 수 있는** 생명의 양식이 됩니다.

2.　사람을 예수님으로 해석한 문장

 **구약의 문장을 읽어 봅시다**

> **열왕기하 4장 43~44절**
> **그 사환이 이르되 내가 어찌 이것을 백 명에게 주겠나이까**
> 하나 엘리사는 **또 이르되 무리에게 주어 먹게 하라**
> 여호와의 말씀이 그들이 먹고 남으리라 하셨느니라
> **그가 그들 앞에 주었더니**
> 여호와께서 **말씀하신 대로** 먹고 남았더라

열왕기하 4장 43-44절을
육신의 눈으로 **보면** 보리떡 이십 개로
　　　　　백 명의 선지자들이 **먹고 남은** 내용입니다.

문장에서 구원과 **연관된** 단어는 보리떡 이십 개입니다.
보리떡은 육적 용어로
　　　　　영적 실체를 **전해주기 위해 사용된** 그림자입니다.
　　　　　영혼은 육신의 눈에 **보이는** 보리떡을 **먹을 수 없습니다.**

 신약의 문장을 읽어 봅시다

요한복음 6장 9~10절
여기 한 아이가 있어 보리떡 다섯 개와
　　　　　물고기 두 마리를 가지고 있나이다
그러나 그것이 이 많은 사람에게 얼마나 **되겠사옵나이까**
　　　　　수가 오천 명쯤 **되더라**
보리떡 다섯 개로 먹고 남은 조각이 열두 바구니에 찼더라

영혼은 육신의 눈에 **보이는** 보리떡을 **먹을 수 없지만**
영혼은　　　　　하나님의 말씀을 **먹을 수 있습니다.**

예수님께서 **가르쳐주신 성경해석 방법은**
　　　　　성경에서 사물이 **나오면 예수님** 입니다.

엘리사와 보리떡은 신약에서의 **해석은** 예수님
엘리사와 보리떡은 그림자이고
　　　　　예수님은 하나님께서 말씀하시려는 영적실체 **입니다.**

열왕기하 4장 43-44절의

엘리사, **사환**은 그림자로

　　영적실체의 **해석**에서　엘리사는 예수님이고

　　　　　　　사환은 제자들 **입니다.**

✳ 읽어 봅시다

그　림　자	영　적　실　체
엘　리　사	예　수　님
사　　　환	사　환 (제　자)
떡	떡

열왕기하 4장 43-44절은

육신의 눈으로 **보면** 엘리사와　사환이 떡을 **나누어** 주고 있지만

　영의 눈으로 **보면** 예수님과 제자들이 떡을 **나누어** 주고 있습니다.

　　　　엘리사와 사환이 떡을 **나누어주는** 내용은 이야기로

　　　영혼이 **먹을 수 없기** 때문에 죽은 말씀이 **됩니다.**

열왕기하 4장 43-44절 **나오는** 엘리사와 떡을

　　　　　예수님과 말씀으로 **바꾸어** 주면

열왕기하 4장 43-44절은

　　　　예수님께서 **지금** 나에게 **주시는** 살아있는 말씀으로

　　　영혼이 **먹을 수 있는** 생명의 양식이 **됩니다.**

보리떡 5개로 오천 명을 먹이시고 남게 하셨던
예수님께서 엘리사 시대에도 보리떡 20개로
선지자 생도들 백 명을 먹이시고 남게 하신 것입니다.

예수님의 이름은 구약에 나오지 않지만
예수님께서는 창세전부터 쉬지 않으시고 사역하셨으며
구약시대에 하신 사역들을 성경에 기록하고 있습니다.
예수님의 증인들은 이와 같이 성경 어떤 본문이든지
예수님을 전해줄 수 있어야 합니다.

이렇게 해석하지 못하는 이유는
예수님께서 제자들에게 가르쳐 주신
성경해석 방법을 모르고 있기 때문입니다.

한국교회는 선교 130년이 지나고 있지만
소경이 되어 육신의 눈에 보이는 문자 그대로
역사, 사람, 사물, 이야기를 전해주고 있습니다.

영의 눈으로 성경을 보지 못하는 소경들이기 때문에
성경에 한 번도 사용되지 않는 상징이라는 말을
진리처럼 사용하고 있습니다.

육신의 눈으로 성경을 보면
성경에 기록된 역사, 사람, 사물이야기가 진짜입니다.
그러나 하나님께서 전해주시고자 하시는 것은
육신의 세상의 것이 아닌 영의 세계의 일입니다.

영혼이 하나님의 말씀을 **받고자 한다면**

　　하나님께서 말씀 **하시고자 하는** 영적실체가 진짜이고

영적실체를 **가르쳐주시기 위해 사용된**

　　　육신의 눈에 **보이는** 사람이나 사물은 그림자**입니다.**

성경을 해석하기 위해서는 두 종류의 눈이 필요합니다.

　　　하나는 육신의 눈이고,

　　　하나는 　 영의 눈입니다.

육신의 눈으로만 성경을 볼 때는

　　　성경에 **기록된** 역사, 사람, 사물이야기가 진짜**입니다.**

　　그러나 성경을 **가지고**

　　　예수님의 증인이 되어

　　　예수님을 **전해주려고 하면**

　　　영의 눈으로 성경을 보는 눈이 **열려야 합니다.**

영의 눈으로

영의 실체이신 　 예수님의 위치에서 성경을 보면

　　　사람이나 사물은 영적 실체이신

　　　예수님을 **전해주기 위한 그림자들입니다.**

제 11 강
예수님 일차원 해석

로마서 1장 2-3절

대부분 교인들이 성경을 배울 때 **한글의 단어**
예수, 믿음, 구원, 등 **독립된 단어를 보고**
              같은 단어가 나오면 내용이 같다고 생각합니다.

성경에서 말하는 믿음을 **내용으로 보면**
              여러 종류의 뜻을 가진 믿음이 나오고,
구원에도 여러 종류의 뜻을 가진 구원이 나옵니다.

바울은 에베소서 3장 18-19절에서
              예수님에 대해서 지식에 넘치는 그리스도의 사랑을 알고
              그 너비와 **길이와** 높이와 깊이의
              4차원 위치에서 깨달아야 한다고 말합니다.

4차원 하면 예수님에 대해서 4개를 찾으라는 **말이 아닙니다.**
4종류의 위치와 보이는 모습
곧 육의 세계의 위치에서, 영의 세계의 위치에서
        예수님 전체 **사역으로,** 예수님의 속성으로 성경을 보라는 **말입니다.**

이 시간 배울 제 11 강은 예수님 일차원 해석입니다.

제 11 강
예수님 일차원 해석

로마서 1장 2-3절

예수님 일차원 해석은 **사차원 해석 방법 중**

가장 쉬운 방법으로 10 강에서 배운 것처럼

성경에 **등장하는 사람과 사물을**

예수님으로 해석하여 **전해 주는 것입니다.**

예수님 일차원 해석은 육신의 눈으로 **볼 수 있는** 역사 속에서

예수님께서 구원 사역하시는 **내용입니다.**

 로마서 1장 2-3절 읽어 봅시다

> ### 로마서 1장 2-3절
> **이 복음은 하나님이** 선지자들을 **통하여**
> 그의 아들에 **관하여** 성경에 **미리 약속하신 것이라**
> 그의 아들에 **관하여 말하면**
> 육신으로는 다윗의 혈통에서 나셨고

신학에서 예수님의 사역을 크게 둘로 나누고 있습니다.

하나는 하나님께서 예수라는 이름으로
육체를 입고 이 세상에 오셔서 하신 사역입니다.
이를 비하라고 합니다.

하나는 부활하시고 승천하신 이후 하늘에서
육신의 눈으로 볼 수 없는 영으로서 사역입니다.
이를 승귀라고 합니다.

정통 보수 신학자들은
예수님께서 육체로 오셔서 하신 사역을 5단계로 구분합니다.

✦ 읽어 봅시다

단 계	구 분
1 단 계	동정녀 탄생 (육체로 오신 예수님)
2 단 계	예수님의 공생애 사역
3 단 계	예수님의 수난
4 단 계	예수님의 죽으심
5 단 계	예수님의 부활하심

정통 보수 신학자들이 이렇게 5단계로 구분하여 가르친 것은
성경을 부정하며, 성경을 신화라고 주장하는
자유주의 신학과 구분하기 위한 것입니다.

복음서는 예수님의 행적과 사역**을 따라**
      탄생에서부터 승천까지의 일을 **기록하고 있기 때문에**
      다섯 단계의 **구분이 쉽습니다.**

그러나 구약에는 **육체로 보여주는** 예수님의 이름이 **없기 때문에**
      구약에서 **사역하시는**
      예수님의 행적과 사역을 **찾아내기가 쉽지 않습니다.**

      육체로 오신   예수님의 사역을 5단계로 **구분하면서**
      복음서를 **읽으면** 예수님의 사역을 **쉽게 알 수 있습니다.**
      복음서에 **기록된** 예수님의 사역   5단계가 **정립이 되면**
      구약에서   예수님의 사역을 **쉽게 찾아 볼 수 있습니다.**

창세기 39장을 가지고 직접 해석해 봅시다.

☑️ **1. 창세기 39장에 나오는 대표적 사물과 사람을 구분하기**

사　물	사　람
가 나 안	요 　 셉
애 　 굽	하 나 님
보디발의 집	보 디 발
여호와께서 함께	보디발의 아내
가 정 총 무	집 하인들
유 　 혹	간 수 장
감 　 옥	옥중 죄수들

성경에 **사람이 아닌** 동물, 도구, 물질들은 모두 사물로 **분류합니다.**

☑ 10 강에서 배운 것처럼 사람을 예수님으로 해석해 봅니다.

사 람	예 수 님
요 셉	예 수 님
하 나 님	성부 하나님
보 디 발	**마귀(세상임금)**
보디발의 아내	제사장, 장로
집 하인들	유 대 인
간 수 장	성령 하나님
옥중 죄수들	**죽은 영혼들**

일차원 해석은 예수님의 공생애 사역의 답이 **있기 때문에**
　　　　　예수님의 공생애 사역과 **연결하여 해석하면 됩니다.**

한 사람이 **등장하면** 예수님으로 해석하면 **되지만**
세 사람이 **등장하면** 예수님의 공생애 사역을
　　　　　삼위 하나님께서 함께 사역을 **하셨기 때문에**
　　　　　성부, 성자, 성령하나님으로 **해석해 주어야 합니다.**

　성경에 **많은 사람들과 사물이 등장해도**
　영의 세계의 해석에서는 **둘 밖에 없습니다.**

　하나는 구원자　　　　　= 구원자의 위치는 하나님과 마귀
　하나는 구원받을 자입니다.　= 구원 받을 자는
　　　　　사람들이 **아무리 많아도 모두 나, 영혼이 됩니다.**

☑ 사물을 예수님으로 해석해 봅니다.

사 물	사 역
가 나 안	천 국
애 굽	세상(육체로 오심)
보디발의 집	유대(이스라엘)
여호와께서 함께	성령임재와 충만
가 정 총 무	예수님의 사역
유 혹	유대인들의 시험
감 옥	수난과 죽으심

사람이 등장하지 않으면 성전, 양, 등은 예수님이 되지만
창세기 40장처럼 구원자가 등장하면
        사물들은 대부분 예수님의 사역을 설명해 줍니다.

창세기 39장은
요셉이 애굽에 팔려가 보디발의 집의 총무로 있다가
        보디발의 아내의 유혹과 모함으로
        감옥에 들어간 역사적 사실을 전해주려고
        성경을 기록한 것이 아닙니다.

창세기 39장은 역사 속에 실존했던 요셉을 비유로 사용하여
        예수님께서 감옥 같은 세상에 오셔서 하실
        구원사역을 전해주시려고 기록한 것입니다.

☑️ 사람과 사물해석 **한 눈에 담아보기**

사 람	예 수 님
요 셉	예 수 님
하 나 님	성부하나님
보 디 발	**마귀(세상임금)**
보디발의 아내	**제사장, 장로**
집 하인들	**유 대 인**
간 수 장	성령하나님
옥중 죄수들	**죽은 영혼들**

사 물	사 역
가 나 안	**천 국**
애 굽	세상(육체로 오심)
보디발의 집	**유대(이스라엘)**
여호와 동행	**성령임재와 충만**
가 정 총 무	예수님의 사역
유 혹	**유대인들의 시험**
감 옥	수난과 죽으심

☑️ 요한복음 1장 1절 **읽어 봅시다**

> 요한복음 1장 1절
>
> **태초에 말씀이 계시니라**
>
> 이 **말씀이** 하나님과 함께 계셨으니
>
> 이 **말씀은** 곧 하나님이시니라

창세기 1장 1절은

　　　하나님이 천지 만물을 창조하셨다고 **기록하고 있습니다.**

요한은 예수님은 창세기 1장 1절 창조 이전부터 **계셨으며**

　　　천지만물을 창조하셨던 하나님이

　　　육신을 입고 **이 세상에 오셨던** 예수님이시라고 **말합니다.**

☑️ 창세기 39장 3절 읽어 봅시다

> 창세기 39장 3절
> 그의 주인이 여호와께서 **그와 함께 하심을 보며**
> **또** 여호와께서
> 그의 범사에 형통하게 하심을 보았더라

육신의 눈으로 **보면**
　　　요셉이 보디발의 집에서 일을 하고 있습니다.
　영의 눈으로 **보면**
　　　하나님께서 요셉을 **사용하여**
　　　하나님께서 사역을 하고 있습니다.

이와 같이 구약은 예수님께서 육신의 눈으로 **볼 수 없는**
　　　영의 하나님으로서 **하시는** 사역과
　　　장차 육신의 몸을 입으시고 이 세상에 오셔서
　　　행하실 구원사역의 모습을 **동시에 보여주고 있습니다.**

1. 영의 눈으로 **보면** 가나안 땅은 천국
　　　애굽은 세상, 보디발의 집은 유대 땅 **입니다.**
　　　보디발은 마귀, 요셉은 예수님

　창세기 39장을 육신의 눈으로 **보면**
　요셉이 가나안 땅에서 애굽의 보디발의 **집으로 팔려 왔습니다.**

☑ 로마서 8장 3절 읽어 봅시다

요한복음 1장 11~12절
자기 땅에 오매 자기 백성이 영접하지 아니하였으나
영접하는 자 곧 그 이름을 믿는 자들에게는
하나님의 자녀가 되는 권세를 주셨으니

로마서 8장 3절
율법이 육신으로 말미암아 연약하여
할 수 없는 그것을 하나님은 하시나니
곧 죄로 말미암아 자기 아들을 죄 있는
육신의 모양으로 보내어 육신에 죄를 정하사

창세기 39장을 영의 눈으로 보면
예수님께서 천국에서 가나안 땅에 있는
자기의 백성들을 구원해 주시기 위해
육신의 몸으로 이 세상에 오신 것입니다.

☑ 창세기 39장 일 차원해석 도표

단 계	1 차원 예수님	창세기 39장
1 단 계	육체로 오신 예수님	보디발의 집
2 단 계	예수님의 공생애 사역	가정 총무
3 단 계	예수님의 수난	유혹과 모함
4 단 계	예수님의 죽으심	감옥에 갇힘
5 단 계	예수님의 부활하심	애굽의 총리

창세기 39장을

육신의 눈으로 **보면**

　　　보디발의 아내의 **계속되는** 유혹과 모함으로
　　　보디발이 요셉을 옥에 **가두었습니다.**

창세기 39장을

　영의 눈으로 예수님의 공생애 사역과 **맞추어 보면**

　　　대제사장, 장로, 서기관들의 **계속되는** 시험과 모함으로
　　　빌라도가 예수님을 　십자가에 못 박고
　　　　　예수님께서 **무덤에 묻히셨습니다.**

창세기 39장은

요셉의 시작에서 마지막까지의 모습이 **모두 담겨져 있기 때문에**
예수님께서 요셉을 **사용하여 하신 사역을 쉽게 볼 수 있지만**
다른 곳에서는 예수님의 5단계의 사역들이

　　　부분적으로 들어 있기 때문에 쉽지 않습니다.
　　　부분적으로 들어 있는 곳에서는 억지로 해석하지 말고
　　　보이는 부분에 대해서만 예수님을 **설명해 주면 됩니다.**

예수님의 일 차원해석은

　　　성경에 **있는** 역사를 육신의 눈에 보이는 그대로를
　　　예수님의 육적 사역 5단계로 **구분한 내용과 연결하여**
　　　예수님을 **전해주는 것입니다.**

이와 같이 예수님께서 육체로 오셔서 **사역하신 내용을**
5단계로 **구분하여** 역사 속에 **등장하는** 사물과 사람들을
예수님의 구원사역으로 해석할 수 있으면
누구든지 성경만 **있으면**
예수님을 쉽게 전해주는 증인이 **될 수 있습니다.**

✅ 민수기 21장 9절 실습해 봅시다

> 민수기 21장 9절
> 모세가 놋 뱀을 **만들어** 장대 위에 다니
> **뱀에게 물린 자가** 놋 뱀을 **쳐다본즉** 모두 살더라

민수기 21장 9절을
육신의 눈으로 **보면** 하나님을 원망하다가
불 뱀에게 **물려** 죽어가는 백성들을 위해
모세가 놋 뱀을 **만들어** 장대에 달고
놋 뱀을 본 이스라엘 백성들이 **살아났습니다.**

민수기 21장 9절은 **이런** 역사적 사실을 **전해주려고**
성경에 **기록하고** 있는 것이 아니고
예수님께서 **하시는** 영혼구원사역을 **전해주려고**
기록하고 있는 것입니다.

☑ 1. 민수기 21장 9절에 나오는 대표적 사물과 사람을 구분하기

사 물	등 장 인 물
놋 뱀	
장 대	모 세
살 더 라	

☑ 2. 그림자의 영적실체 찾기

사물, 사람	예 수 님
모 세	예 수 님
놋 뱀	예 수 님
장 대	십 자 가
살 더 라	구원, 영생

민수기 21장 9절

영의 눈으로 **보면**

예수님께서 모세를 **사용하여** 하나님을 **원망하다 죽어가는**

이스라엘 백성들을 살려주시는 모습과

죄로 인해 죽어가는 모든 사람들을 위해

예수님께서 **이 세상에 오셔서**

십자가에 달려 죽으심으로 살려주시는 것을

가르쳐 주시기 위해 기록하고 있는 것입니다.

☑️ 요한복음 3장 14~15절 읽어 봅시다

요한복음 3장 14~15절
모세가 광야에서 뱀을 든 것 같이
인자도 들려야 하리니 이는 그를 믿는 자마다
영생을 **얻게 하려 하심이니라**

민수기 21장 9절을 육신의 눈으로 **보면**
모세가 **놋 뱀을 달아 장대에 매달고** 원망하다 뱀에게 물려 죽어가는
이스라엘 백성들이 믿고 바라본즉 **살아납니다.**

민수기 21장 9절을 영의 눈으로 **보면**
예수님께서 십자가에 **달려죽으시고**
영혼이 죽은 우리가 **믿고 바라본즉 살아납니다.**

✡️ 민수기 21장 9절 일 차원 해석

단 계	민수기 21장 9절	1 차원 예수님
1 단 계	모　　세	육체로 오신 예수님
2 단 계	인　　도	예수님의 공생애 사역
3 단 계	원　　망	예수님의 수난
4 단 계	**장대, 달림**	**십자가에 죽으심**
5 단 계	살 아 남	예수님의 부활하심

구약시대에는

　　영으로 **계셨던** 예수님께서 모세를 **사용하여** 구원사역을 **하셨고**

신약시대에는

　　　육신의 몸을 **입으시고** 예수님께서 구원사역을 **하셨습니다.**

육신의 눈으로

　　성경을 보면 역사, 사람, 사물이 진짜입니다.

　　그러므로 성경공부나 역사를 공부할 때는

　　성경에 **기록된 문자 그대로 받아들이고 전해주어야 합니다.**

영의 세계의 **위치에서** 성경을 보고

영의 세계의 **일을 전해주고자 할 때** 역사, 사람, 사물은

영의 실체인 하나님, 예수님, 영혼, 마음, 천국의

　　　　그림자와 비유가 **되기** 때문에

　　　　그림자를 반드시 영의 실체로 **바꾸어 주어야 합니다.**

육신의 눈으로 보는 구약은 **역사 속에** 진짜 **입니다.**

　　　그러나 예수님의 구원사역을 **전해주기 위해서**

　　　　　　영의 눈으로 구약을 보면

　　　　　　구약은 그림자와 비유가 **됩니다.**

육신의 눈으로 **볼 수 없는** 영혼구원의 역사를

　　　설명해 줄 수 없기 때문에　 역사 속에 **등장하는**

　　　사물과 사람을 그림자와 비유로 **사용하여**

　　　예수님의 영혼구원 사역을 **가르쳐 주고 있는 것입니다.**

제 12 강
예수님 이 차원해석

요한1서 5장 20절

성경해석에 있어서 **귀납적, 연역적, 원어해석, 등**
여러 가지 방법들을 사용합니다.

설교는 **오직 둘로 나누어집니다.**
하나는 육적설교이고
하나는 영적설교입니다.

육적설교란?
육신의 위치에서 성경을 육신의 눈에 **보이는**
역사, 사람, 사물을 **사용하여 기록된 문자 그대로 받아들여**
육신이 이해하고 받아들일 수 있도록 **전해주는 것을 말합니다.**

영적설교란?
영의 세계의 위치에서 **역사, 사람, 사물을**
그림자로 **사용하여 사용된 단어 속에 감추어둔**
하나님께서 **말씀하시려는** 영적 실체를 찾은 후 성경을 해석하여
영혼이 생명의 양식으로 **먹을 수 있도록 전해주는 것입니다.**

한국교회의 문제점은

육신의 위치에서 성경을 본 대로 설교는 잘하지만

영의 세계의 위치에 서서

성경을 보는 방법이 미숙하여

영혼이 생명의 양식으로 먹을 수 있는 설교를 하지 못합니다.

설교는 사람에게 전해주는 것이지만

설교는 육체가 무엇을 해야 하는 것을 전해주는 것이 아니고

영혼이 하나님의 말씀을 먹고

영혼이 어떻게 순종해야 하는가를 전해주는 것입니다.

바울이 가르쳐주는 2, 3, 4 차원 성경해석법은

영의 세계의 위치에서

성경에 기록된 영적 용어를 제외하면 육적용어만 남게 됩니다.

육적용어로 기록된 사람과 사물을 그림자로 사용하여

하나님께서 말씀하시려는 영적 실체를 찾은 후에

영혼이 생명의 양식으로 먹을 수 있도록

성경을 해석하는 방법 입니다.

 고린도후서 13장 13절 읽어 봅시다

> 고린도후서 13장 13절
> 주 예수 그리스도의 은혜와
> 하나님의 사랑과 성령의 교통하심이
> **너희 무리와 함께 있을지어다**

기독교 교리 중에 **가장 어려운 것 중의**
하나는 삼위일체의 교리입니다.

삼위일체란? 성부, 성자, 성령하나님은 한 하나님이시다.

육신의 눈으로 성경을 보면
성부하나님, 성자하나님, 성령하나님이 **나오기 때문에**
하나님이 세 분이 존재하시는 것처럼 보입니다.

이 때문에 초대교회 때부터 **일부에서는** 지금까지
하나님은   **유일하신 한 분** 하나님이기 **때문에**
성부, 성자, 성령하나님은 한 하나님이시라는 주장과
육신의 눈에 **보이는 것처럼**
성부, 성자, 성령하나님을 **각각 독립적** 하나님으로 **보고**
하나님은 세 분이라는 주장의 논쟁이 있었습니다.

이런 논쟁의 원인 중 하나는
육신의 눈으로 성경을 보는 사람과
  영의 눈으로 성경을 보는 사람의 생각이 **달랐기 때문입니다.**

300년을 넘게 이어지는 논쟁은
325년 니케아 공의회에서 성부, 성자, 성령은 세 분이 아니고
한 분 하나님이라는 삼위일체 교리**가 선포되었습니다.**
이 후부터 예수님은 하나님이시며 사람이라는 **교리와 함께**
정통과 **이단을 구별하는 기준이 됩니다.**

삼위일체교리의 핵심은 예수님은 하나님이시다. **라는 것입니다.**

이 시간 배울 12강은 예수님 이 차원해석 입니다.

제 12 강
예수님 이 차원해석
요한1서 5장 20절

☑ 요한1서 5장 20절 읽어 봅시다

> 요한1서 5장 20절
> 그는 참 하나님이시요 영생이시라
>
> 요한복음 10장 33절
> **네가 사람이 되어 자칭 하나님이라 함이로라**

예수님의 사역을 비하와 승귀로 **나뉘게 되는데**
　　비하는 예수님께서 육체를 입으신 동정녀 탄생부터 죽으심까지
　　승귀는 예수님께서 승천하신 **이후의 사역으로 나뉩니다.**

예수님께서 육체를 가지고 **이 세상에 계실 때는** 예수님이시지만
　　이 세상에 오시기 전이나 승천하신 후 하늘에 계실 때는
　　예수님은 하나님 **이십니다.**

2차원 해석은
영의 세계의 **위치에 서서** 영으로 사역하시는 예수님으로
성경을 보는 것을 **말합니다.**
영의 세계의 **위치에서** 예수님은 하나님 **이십니다.**

☑️ 요한계시록 22장 13절 읽어 봅시다

> 요한계시록 22장 13절
> 나는 알파와 오메가요 처음과 마지막이요
> **시작과 마침이라**

예수님께서는 창세전부터 존재하셨고
구약시대나 신약시대 **그리고** 세상 종말까지
영원토록 존재하시면서 **섭리하시고 계십니다.**

예수님께서 육신의 몸을 **입으셨을 때는**
예수라는 이름을 가지시고 사역을 **하셨지만**
이 세상에 오시기 전이나 승천하신 후에는
육신의 눈으로 **볼 수 없는** 영의 하나님으로 **사역하십니다.**

육신의 눈으로 성경을 보면
구약은 하나님,   신약은 예수님이 **보이지만**
구약시대나 신약시대 모두 예수님께서 **사역하셨고**
이 예수님이 하나님 **이십니다.**

☑️ 요한복음 1장 1절 읽어 봅시다

요한복음 1장 1절
태초에 말씀이 계시니라
이 말씀이   하나님과 함께 계셨으니
이 말씀은 곧 하나님이시니라

요한복음 1장 1절의 요한이 말하는
예수님이 태초에 천지를 창조하신 하나님이시다. 라는 것만 믿어도
구약을 보면서 예표나 상징이라는 말을 사용할 수 없습니다.

육신의 눈으로 보면
구약의 하나님과 신약의 예수님이 다르게 보입니다.

영의 눈으로 보면
구약에서 사역하시는 하나님이 예수님이 되기 때문에
구약의 하나님의 사역을 보면서
예수님의 구원 사역을 증언할 수 있습니다.

☑️ 요한복음 10장 38절 읽어 봅시다

요한복음 10장 38절
나를 믿지 아니할지라도 그 일은 믿으라
그러면 너희가 아버지께서 내 안에 계시고
내가 아버지 안에 있음을 깨달아 알리라

육신의 눈으로

성경을 보면 성부하나님, 성자하나님, 성령하나님으로

세 분의 하나님이 **나오기 때문에**

세 분의 하나님이 **계신 것처럼 오해를 할 수 있습니다.**

하나님은 한 분이신데 **사역에 있어서**

성부하나님, 성자하나님, 성령하나님의 **삼위로 구분되고**

영광과 권능이나 **모든 것에서는 동일하십니다.**

✅ **삼위일체 도표 만들어 보기**

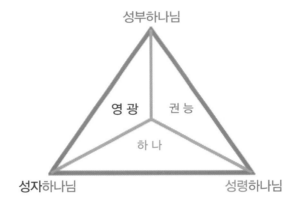

성경을 **보면서 가장 오해하는 부분은**

구약은 성부하나님, 복음서는 성자하나님,

서신서는 성령하나님의 시대로 **구분하는 것입니다.**

성부, 성자, 성령하나님은 영원 전부터 영원까지 **함께 섭리하십니다.**

그럼에도 불구하고 성경에서 구분하여 **기록하고 있는 것은**

삼위 하나님의 **각각의 사역이 무엇인지를** 가르쳐주기 위함입니다.

창세기 1장 26절 읽어 봅시다

창세기 1장 26절

하나님이 이르시되 우리의 형상을 따라
우리의 모양대로 우리가 사람을 만들고

요한복음 14장 10절

내가 아버지 안에 거하고 아버지는 내 안에
계신 것을 네가 믿지 아니하느냐
아버지께서 내 안에 계셔서 그의 일을 하시는 것이라

육신의 눈으로 보면
성부하나님, 성자하나님, 성령하나님께서
각각 독립적으로 섭리하고 계신 것처럼 보이지만
성부, 성자, 성령하나님께서는
항상 하나가 되어 함께 사역 하십니다.

예수님 이 차원해석 도표

1차원 (길이) 예 수 님	2차원 (높이) 하 나 님	3차원 (넓이) 사 역	4차원 (깊이) 속 성
성육신 (동정녀탄생)	성부하나님 성자하나님 성령하나님		
예수님의 사 역			
예수님의 수 난			
예수님의 죽 으 심			
예수님의 부 활			

예수님을 더 자세히 알 수 있도록
바울이 가르쳐주는 이 차원 해석 도표 입니다.

이 차원은 육신의 세계가 아닌 영의 세계인 천국의 위치에서
예수님께서 천국에 계신다는 것을 전제하고 보는 것입니다.

일 차원인 육신의 세계의 위치에서
예수님을 보면 예수님은 예수님 입니다.
그러나 예수님께서 천국으로 올라가시면
예수님은 하나님이 되십니다.

이 차원 영의 세계의 위치에서 예수님은 하나님 이십니다.
하나님을 사역의 위치에서 보면
성부, 성자, 성령, 세 분의 하나님이 계십니다.

☑ 창세기 1장 1절을 읽어 봅시다

창세기 1장 1절
태초에 하나님이 천지를 창조하시니라

이 차원 영의 세계의 위치에서 예수님은 하나님이시기 때문에
구약에 나오는 하나님을 예수님으로만 바꾸어 주면
창세전부터 섭리하시는 예수님 구원사역의 모습이
기록된 구약을 볼 수 있고, 전해줄 수 있습니다.

☑️ 사도요한의 창세기 1장 1절 해석

> **요한복음 1장 1-3절**
> 태초에 말씀이 계시니라
> 이 말씀이   하나님과 함께 계셨으니
> 이 말씀은 곧 하나님   이시니라
> 그가 태초에   하나님과 함께 계셨고
> 만물이 그로 말미암아 지은 바 되었으니
> 지은 것이 하나도 그가 없이는 된 것이 없느니라

창세기 1장 1절의   천지만물 창조를
모세는   하나님께서 창조하셨다고 **기록하고 있고**
사도요한은   예수님께서 창조하셨다고 **말하며**
창조주 하나님이 예수님이시다. 고 말합니다.

☑️ 창세기 1장 1절 수정하여 읽어 봅시다

> **창세기 1장 1절**
> 태초에 하나님이 천지를 창조하시니라
> 태초에 (예수님이) 천지를 창조하시니라

성경공부나 역사를 전해줄 때는
육신의 눈에 보이는 문자 그대로가 진짜 입니다.
그러나 예수님을 전해주려면 구약의 문장을 해석해야 합니다.

성경공부나 역사공부에서는
육신의 눈에 보이는 **문자 그대로**
하나님께서 천지를 창조하셨습니다.

일 차원해석에서는
예수님을 **전해주는 것이기 때문에** 요한의 해석처럼
예수님께서 천지를 창조하셨습니다.

이 차원해석에서는
예수님이 하나님이시기 **때문에**
성부, 성자, 성령하나님께서 천지를 창조하셨습니다.

이 차원해석이 조금 어려운 것은
창세기 1장 1절처럼
성부, 성자, 성령하나님께서 **함께 사역하시면 해석하기 쉽지만**
다른 문장에서는 성부, 성자, 성령하나님의
각각의 사역을 **독립적으로 찾아 해석하기가 쉽지 않습니다.**

열왕기상 18장 실습해 봅시다.

열왕기상 18장의 엘리야와 갈멜산 기사는 **모두 아는 내용입니다.**
문장을 아는 것과 하나님의 뜻을 아는 것은 다릅니다.
대부분 육신의 눈에 보이는 문장을 아는 것을 가지고
성경을 **잘 알고 있다는** 잘못된 생각을 가지고 있습니다.

열왕기상 18장은
엘리야와 갈멜산 사건을 **전해주기 위해 기록한 것이 아닙니다.**

열왕기상 18장은

예수님께서 엘리야 선지자를 **사용하여 바알을 섬기며 죽어가는**

이스라엘 백성들의 죽어가는 영혼을 **구원해** 주시는 모습과

오늘 죽은 내 영혼을 구원해 **주시는 모습과 방법을**

함께 담아 기록해둔 것입니다.

열왕기상 18장을 **보면** 하나님과 엘리야는 **나오지만**

예수님은 **나오지 않습니다.**

이 때문에 대부분 성경해석자나 목회자들은 엘리야를

장차 육신으로 오실 예수님의 예표, 또는 상징이라고 **말합니다.**

이런 생각 때문에 엘리야는 **전해주면서**

갈멜산에서 구원사역하시는 예수님을 **전해주지 않습니다.**

목회자들이 설교하면서 **하는 말**

"내가 하는 말이 아니고 하나님께서 말씀하신다고" **말합니다.**

목회자들을 사용하시는 분이 **하나님이시면**

엘리야를 사용하시는 분이 **하나님** 이십니다.

 요한복음 14장10절 읽어 봅시다

요한복음 14장 10절

내가 아버지 안에 **거하고**

아버지는 내 안에 **계신 것을 네가 믿지 아니하느냐**

내가 너희에게 이르는 말은 스스로 하는 것이 아니라

아버지께서 내 안에 **계셔서 그의 일을 하시는 것이라**

열왕기상 18장을

육신의 눈으로 **보면**

　　하나님께서 엘리야를 **보냈고**

　　　　엘리야 혼자 이스라엘 백성들을 **바알에게서**

　　　　구원하는 사역을 **하는 것처럼 보입니다.**

영의 눈으로 **보면**

　　하나님께서 엘리야를 **사용하여**

　　　　하나님께서 구원사역을 하고 **계시는데**

　　　　이 하나님이 예수님 **이십니다.**

☑ **열왕기상 18장 완성된 해석 도표 만들기**

이 차원 (높 이) 영의 세계의 위치 = 예수님은 하나님		
열왕기상 18장		**삼위의 사역**
하 나 님	엘리야의 메시지 선포	성부 하나님
엘 리 야	엘리야의 제사와 기도	성자 하나님
불	엘리야의 바알선지자 죽임	성령 하나님

열왕기상 18장에서 **갈멜산의**

　　이스라엘 백성들의 영혼구원 사역을

　　성부, 성자, 성령하나님께서 **함께하십니다.**

　　삼위 하나님의 사역하시는 부분과 내용은 다릅니다.

　　이 내용에 대해서는 삼차원 해석에서 자세하게 배웁니다.

2차원 해석에서 예수님의 증인이 되기 위해서는
반드시 본문에서 예수님과 성부, 성자, 성령하나님을 찾아야 합니다.

하나님의 모습은
열왕기상 18장에서는 하나님께서 직접 말씀하시고 계시기 때문에
따로 찾을 필요는 없습니다.

    1. 엘리야의 선포는   성부 하나님의   사역이고
    2. 엘리야의 제사는   성자 하나님의   사역이고
    3. 엘리야가 바알 선지자를 죽이는   사역은
                           성령 하나님의   사역 입니다.

도표는 쉽게 만들 수 있지만
왜? 그렇게   영적실체를 찾았느냐? 가 중요합니다.

그림자에 대한 영적실체를 잘 찾았다고 해도
그에 대한 답이 맞지 않으면 성경을 해석할 수 없습니다.

이 차원 해석은 열왕기상 18장의 엘리야의 사역 속에서
        성부, 성자, 성령하나님의 사역을 찾는 것입니다.

1. 성부 하나님의 모습
   엘리야를 보내는 하나님은 성부하나님
   엘리야는 이스라엘 백성에게 하나님의 메시지를 전합니다.

요한복음 14장 10절에서
예수님께서 **자신이 지금까지** 말씀하셨던 **메시지는**
성부하나님께서 **직접 하시는** 말씀이라고 **하십니다.**

엘리야의 말씀선포는 성부하나님의 사역**입니다.**

2. 성자 하나님의 모습
    <u>엘리야는 육신의 몸을</u> **입으신** <u>성자하나님</u>
    엘리야는 이스라엘 백성들을 **위해** 속죄의 제사를 **드립니다.**

    성자하나님의 영혼구원 사역의 핵심은
    십자가 위에서 자신을 속죄의 제사로 하나님께 드리는 것입니다.

    엘리야의 속죄의 제사는 성자하나님의 사역**입니다.**

☑ 히브리서 9장 12절을 읽어 봅시다

> ### 히브리서 9장 12절
> **염소와 송아지의 피로 하지 아니하고**
> **오직** 자기의 피로 **영원한 속죄를 이루사**
> **단번에 성소에 들어가셨느니라**

3. 성령하나님의 모습
    <u>하늘에서 불을</u> **내리시는** <u>하나님은 성령하나님</u>
    엘리야는 제사가 **끝난 후에**
    　　　이스라엘 백성들로 하나님께 **돌아오게 한 후**
    　　　바알의 선지자들을 **모두 잡아 죽입니다.**
    　　　하나님의 백성들이 하나님께 돌아오는 것은 회개이고
    　　　죄를 소멸하는 것은 심판 **입니다.**

☑️ 요한복음 16장 8~11절을 읽어 봅시다

요한복음 16장 8~11절

그가 와서   죄에   대하여, 의에 대하여,
            심판에 대하여 **세상을 책망하시리라**
죄에 대하여라 **함은** 그들이 나를 믿지 아니함이요
의에 대하여라 **함은 내가 아버지께로 가니**
            너희가 다시 나를 보지 못함이요
심판에 대하여라 **함은** 이 세상 임금이 심판을 받았음이라

요한복음 16장8~11절에서
    성령하나님의 사역에 **대해서** 예수님께서 **가르쳐주십니다.**
    성령하나님의 사역은 죄의 문제와 심판을 **담당하십니다.**

    엘리야가 이스라엘 백성들로 하나님께 **돌아오게** 하고
            바알의 선지자들을 **모두 잡아 죽인** 심판은
                    성령하나님의 사역 **입니다.**

육체를 입으시고 이 세상에 오신 예수님께서도
                엘리야와 같은 **사역을 하셨습니다.**

육신의 눈으로 보면
    예수님께서 **홀로 사역을 하시는 것처럼** 보이지만
    성경은 성부하나님과 성령하나님께서
    함께 삼위의 사역을 하고 있음을 기록하고 있습니다.

예수님 이 차원 해석의 핵심 포인트는

　　성경에 기록된 하나님의 영혼구원사역을

　　성부, 성자, 성령하나님의 사역으로 **나누어 해석하는 것입니다.**

예수님 **이차원 해석**에서는 예수님이 하나님 **이시기 때문에**

　　　　성부 하나님이 예수님 **이시고**

　　　　성자 하나님이 예수님 **이시고**

　　　　성령 하나님이 예수님 **이십니다.**

이와 같이 예수님의 구원 사역을

　　삼위 하나님의 사역으로 **구분하여 볼 수 있으면**

　　성경을 **한 눈에 담아 쉽게** 성경을 해석할 수 있어

　　예수님의 증인의 일을 **효과적으로 수행할 수 있습니다.**

제 13 강
예수님 삼 차원해석

고린도후서 13장 13절

일 차원해석은 육신의 눈으로 **보는 것이기** 때문에
　　　　　　　　　하나님이 예수님이지만
이 차원해석은 육신이 없는 영의 세계이기 **때문에**
　　　　　　　　　예수님이 하나님이 **되십니다.**

12강은 높이 곧 영의 세계의 위치에 **서서**
　　　　　하나님의 사역을 **삼위하나님**
　　　곧 성부, 성자, 성령하나님의 사역으로
　　　　　　　　해석하는 것을 배웠습니다.

예수님께서 **이 세상에서 무슨 사역을 하셨는가 물으면**
모두 선지자, 제사장, 왕의 삼직의 사역을 **했다고 말합니다.**

세상에서 삼차원은 넓이, 공간, 시간, 등을 **말합니다.**

바울이 말하는 삼차원은 너비를 말하는 것으로

예수님의 사역전체를 말합니다.

기독교에서 두 가지 근거를 가지고 영해라는 말은 사용합니다.

하나는 성경을 성경으로 해석하는 것을 영해라고 말합니다.
하나는 과학이 말하는 사 차원 곧 육신의 세계를 벗어난
우주를 근거로 육신이 없는 세계인 영의 세계
곧 영혼의 위치에서 성경을 보고 해석하는 것을 말합니다.

성경해석의 답은 성경에 있기 때문에
성경을 반드시 성경으로 해석해야 합니다.
성경이 아닌 다른 곳에서 답을 가져오면 그 답은 가짜 입니다.

그러나 성경을 성경으로 해석할지라도
육적용어나 사람, 사물의 답을 가져오면 영해가 될 수 없습니다.
왜냐하면 그 답은 그림자나 비유로 영적실체가 아니기 때문입니다.

성경해석에 있어서 영적용어는 해석하면 안 됩니다.
왜냐하면 영적용어 그 자체가 답이기 때문입니다.
영적용어는 해석하면 안 되고 설명이 필요할 뿐입니다.

육적용어인 역사, 사람, 사물을
영의 세계에서 보는 영적실체를 찾아
성경을 해석하는 것이 성경에서 말하는
영해 곧 영의 세계의 위치에서 성경을 해석하는 것입니다.

이단들이 성경은 비유라며 **모두** 영해를 하고 **있는데** 가짜 **입니다.**
왜냐하면? 그들이 가져온 답은 육신의 눈에 **보이는** 사람, 사물이고
또 성경에 없는 답을 **가져오기 때문에** 가짜 **입니다.**

바울이 말하는 **사 차원은**
예수님과 성경을 보는 4가지 위치를 말합니다.

바울이 4가지 위치를 말하고 있지만 둘로 나누어집니다.

하나는 일차원 길이인　　　육신의 위치에서 **보는 것과**
하나는 이차, 삼차, 사차원의　영의 위치에서 **보는 것입니다.**

언뜻 보면 일차원은 육적해석과 같고
이차, 삼차, 사차원은 영적해석과 **같이 보이지만**
바울의 예수님의 **사차원은** 모두 영해입니다.
왜냐하면 영의 세계의 실체인
예수님과 하나님으로 성경을 해석하기 **때문입니다.**

이 시간 배울 13 강은　예수님 삼 차원해석 입니다.

제 13 강
예수님 삼 차원해석
고린도후서 13장 13절

바울이 **가르쳐주는 삼차원은 넓이로**
하나님의 사역의 위치에 서서 성경을 보고 해석하는 **것입니다.**

성경을 **통해 보여주시는** 하나님의 사역은
너무 크고 방대하기 때문에 구분하기가 쉽지 않습니다.

일반적 섭리를 제외하고 영혼구원에 **포커스를 맞추면**
하나님의 사역을 크게 셋으로 **구분할 수 있습니다.**

첫째는	선지자의 사역으로	말씀 선포	**입니다.**
둘째는	제사장의 사역으로	제사와 죄 문제	**입니다.**
셋째는	왕의 사역으로	구원과 심판	**입니다.**

 마태복음 21장 46절 읽어 봅시다

> 마태복음 21장 46절
> 그들이 예수를 선지자로 **앎이었더라**
>
> 히브리서 6장 20절
> 예수께서 **멜기세덱의 반차를 따라**
> **영원히 대제사장이 되어**
>
> 요한복음 1장 49절
> 랍비여 당신은 **하나님의 아들이시오**
> **당신은 이스라엘의 임금이로소이다**

신약에서 하나님이신 예수님의 직분을
선지자, 제사장, 왕이라고 **합니다.**

예수님 **삼차원 해석은**
구원자이신 하나님의 구원사역의 직분을
선지자, 제사장, 왕으로 **구분하여 그 위치에서**
성경을 보며 성경을 해석하는 것을 **말합니다.**

✷ 읽어 봅시다

선지자의 사역	제사장의 사역	왕의 사역
생명의 말씀인 하나님 말씀을 선포하는 사역	제사를 통해 죄의 문제를 해결하는 사역	구원과 옳고 그름을 판단하는 심판의 사역

선지자 사역은
생명의 말씀인   하나님 말씀을 선포하는   **사역입니다.**

제사장 사역은
제사를 통해   **죄의 문제를 해결하는**   **사역입니다.**

왕의 사역은
구원과 옳고   그름을 판단하는 심판하는   **사역입니다.**

✴ 예수님 삼 차원 해석 도표

1 차원 (길이) 예 수 님	2 차원 (높이) 하 나 님	3 차원 (넓이) 사 역
성육신 (동 정 녀 탄 생)		
예수님의 사 역	성부하나님	선 지 자
예수님의 수 난	성자하나님	제 사 장
예수님의 죽 으 심	성령하나님	왕
예수님의 부 활 하 심		

예수님을 **증언하기 위해** 바울이 **가르쳐주는** 삼차원 해석
사역의 넓이로 **보는** 도표입니다.

삼차원 해석은 하나님의 영혼구역 사역의 직분으로
선지자, 제사장, 왕으로 **구분합니다.**

대부분 예수님의 삼직에 대해서는 알고 있지만
성부하나님과 성령하나님의 삼직을 말하면 이상하게 생각합니다.

12강에서 살펴보았듯이
성부, 성자, 성령하나님은 한 하나님이시고 **위에서만 구분될 뿐**
한 하나님으로 **똑같이 사역을 하십니다.**

예수님께서 육신을 입으시고 **오셨을 때만**
선지자, 제사장, 왕의 삼직의 사역을 하신 것이 아니고
육신을 **입으시기 전,** 하늘에 계실 때나 승천하신 후

영의 하나님으로 **계실 때도**
변함없이 선지자, 제사장, 왕의 사역을 **하셨습니다.**

예수님의 삼직에 대해서는 잘 알고 있기 때문에
더 이상 언급할 필요는 **없습니다.**

성경은 성령하나님을 그리스도의 영, 또는 아들의 영으로 **말하며**
성령을 영으로 오신 예수님이라고 **가르쳐 주고 있기 때문에**
성령하나님의 사역을 **살펴봅니다.**

☑ **성령하나님의 삼직** 로마서 8장

9 만일 너희 속에 하나님의 영이 거하시면
너희가 육신에 있지 아니하고 영에 있나니
누구든지 **그리스도의 영**이 없으면 그리스도의 사람이 아니라
10 또 **그리스도께서** 너희 안에 계시면 몸은 죄로 말미암아
죽은 것이나 영은 의로 말미암아 살아 있는 것이니라

☑ **성령하나님의 삼직** 요한복음 16장 8절 읽어 봅시다

요한복음 16장 8절
그가 와서 죄에 대하여, 의에 대하여,
심판에 대하여
세상을 책망하시리라

예수님께서 **십자가에 죽으시기 전날 밤**

예수님께서 **하늘로 올라가시면**

제자들에게 성령하나님을 **보내주신다고** 말씀하시면서

성령하나님께서

죄의 문제, 의의 문제, 심판의 문제에 **대해서**

사역하신다고 가르쳐 주십니다.

 성령하나님의 삼직

의의 문제	죄의 문제	심판의 문제
선지자의 사역	제사장의 사역	왕의 사역

성령하나님의 삼직은 ?

의 는 선지자 사역을 **말하고**

죄 는 제사장의 사역을 **말하고**

심판은 왕의 사역을 **말합니다.**

교인들이 설교를 **들으면서** 이해하지 못하는 부분은

육신의 눈으로 성경을 보면 성령하나님께서 내 안에 오셨는데

성령하나님께서 **오신 것을** 예수님께서 **오셨다고** 하는 말입니다.

12강에서 배운 하나님은 예수님이다.

그러므로 성령 하나님은 예수님이시다. **를 인정하면 됩니다.**

육신의 눈으로 성경을 보면 전혀 다른 모습으로
예수님은 육신을 가지고 계시고
성령하나님은 영으로 육신의 눈으로 볼 수 없습니다.

한글로 된 성경을 보면 단어도 다르고 모습도 다른데
예수님이 성령하나님이라고 말하고 있기 때문에
이해하기가 쉽지 않습니다.

성령하나님은 이 세상에 육신의 몸을 가지고 계셨던
예수님께서 영의 모습으로 다시 오신 하나님이십니다.
그러므로 성령하나님은 예수님이십니다.

성령하나님과 예수님의 다른 점은
하나님께서 예수라는 이름으로 이 세상에 오셨을 때는
육신의 눈으로 볼 수 있고 만질 수도 있는
육신을 입으신 상태로 사역을 하셨고

하나님께서 성령이라는 이름으로 이 세상에 오셨을 때는
육신의 눈으로 볼 수 없고 만질 수도 없는
영으로서 사역을 하십니다.

성령하나님은 예수님이시고
예수님은 성령하나님이십니다.

이해가 되지 않아도 진리는 변함이 없기 때문에 믿으면 됩니다.

☑ 사도행전 16장 7절 읽어 봅시다

사도행전 16장 7절
무시아 앞에 이르러 비두니아로 가고자 애쓰되
예수의 영이 허락하지 아니하시는지라

베드로전서 1장 11절
자기 속에 계신 그리스도의 영이 그 받으실
고난과 후에 받으실 영광을 미리 증언하여

성령, 예수의 영, 그리스도의 영은 하나님이시고
성령, 예수의 영, 그리스도의 영은 예수님이십니다.

바울 서신을 받는 초대교회는 영적지식이 미약했기 때문에
예수님이 성령하나님이시고
성령하나님이   예수님이시란 것을 이해하기 어려웠습니다.

그러므로 영으로 오신 성령하나님과
육체로 오신   예수님과 구분하기 위해서
예수님의 영, 그리스도의 영,
하나님의 영, 아들의 영이라는 호칭을 사용하였습니다.

성경공부나 일차원 성경해석에서는 한글 단어 그대로
성령, 예수의 영, 그리스도의 영, 예수, 하나님은 문자 그대로입니다.

예수님의 증인과 **성경을 해석하려면**
　　　　육신의 눈으로 성령, 예수의 영, 그리스도의 영을 읽을 때
　　　　영의 눈에는 예수님과 하나님으로 **보여 져야 합니다.**

성부하나님의 삼직이 있다고 말하면 이상하게 생각합니다.
　　왜냐하면 육신의 눈으로 구약을 보면 하나님께서 말씀하시지만
　　선지자, 제사장, 왕의 사역을 사람들이 하고 **있기 때문입니다.**

태초부터 　하나님께서 그의 백성들에게
　　　　말씀을 **전하셨습니다.**
　　　　이 사역이 성부하나님의 　선지자 사역입니다.

　　　　노아, 아브라함, 아론, 엘리야가 **제사를 드리지만**
　　　　하나님께서 **그들을 사용하여 제사를 드렸습니다.**
　　　　이 사역이 성부하나님의 제사장 사역입니다.

　　　　하나님께서 노아시대 **홍수로, 소돔과 고모라를** 불로
　　　　태우는 심판을 **하셨는데**
　　　　이 사역이 성부하나님의 왕의 사역입니다.

아벨의 시대부터 **사사시대까지**
　　　　사람들을 통해 나타나는 삼직은 **부분적으로 보이지만**

사울이 **이스라엘** 초대 왕이 **되면서부터**
　　　　삼직의 사역은 사람들을 통해 분명하게 **구분되고 있습니다.**

요셉과 엘리야의 모습을 살펴보면서
하나님께서 그들을 **사용하여** 구원사역을 하고 **계심을** 보았습니다.
그러므로　그들의 사역은 곧 하나님의 사역 **입니다.**

성경은 아브라함을 **선지자라고** 말합니다.

☑️ 창세기 20장

7 이제 그 사람의 아내를 돌려보내라

　　그는 선지자라 그가 너를 위하여 기도하리니 네가 살려니와

아브라함이 기도하므로 하나님께서 아비멜렉을 용서해 주셨습니까?

아닙니다.

예수님께서 아브라함을 **사용하여** 하나님께 **기도하매**
하나님께서 예수님의 기도를 들으시고 아비멜렉을 **용서해 주셨습니다.**

☑️ 로마서 8장

34 누가 정죄하리요 죽으실 뿐 아니라

　　다시 살아나신 이는 그리스도 예수시니

　　그는 하나님 우편에 계신 자요 **우리를 위하여 간구하시는 자시니라**

육신의 눈으로 **보면** 아브라함이 **선지자** 사역을 **했지만**
　영의 눈으로 **보면** 예수님께서 **선지자** 사역을 **하신 것입니다.**
이와 같은 모습으로 구약을 보면 하나님께서 사람들을 **사용하여**

사역하신 삼직의 모습을 볼 수 있습니다

육신을 입은 사람들의 눈으로는 영의 세계의 일을 **볼 수 없고**
하나님의 사역을 **알 수도 없습니다.**

그러므로 이스라엘 백성 중에서 **특별한** 사람들을 **선택하여**
선지자, 제사장, 왕을 세워 **그들을 통해**
하나님께서 하시는 삼직의 사역을 **보여주십니다.**

육신의 눈으로 성경을 **보면**
엘리야가   선지자 사역을 **하고,**
아론이   제사장 사역을 **하고,**
다윗이   왕의 사역을 **하고 있지만**

영의 눈으로 성경을 보면
성부하나님께서 엘리야를   **사용하여** 선지자 사역을 하고
아론을   **사용하여** 제사장 사역을 하고
다윗을   **사용하여**   왕의 사역을 **하셨습니다.**

 성막의 구조 도표

성 막 뜰	성 소	지 성 소 (법 궤)
백 성 들 **물 두 멍** 번 제 단	향 단 **떡 상** 등 대	지 팡 이 **만나항아리** 돌 판

성경해석 기초

좋은 사람과 사물이 나오면
영적실체는 예수님이시다.   예수님은 하나님**이시다.**

구약에서 삼위하나님과 **삼직의 사역을**
한 눈으로 볼 수 있는 사물은 **성막입니다.**

성경에 성막, 지성소, 성소를 **가르쳐 주기 위해**
성경을 **기록한 것이 아닙니다.**
성경은 구원자이신 예수님과 영혼 구원하는 방법을 **전해주시고자**
성경을 **기록한 것입니다.**

육신의 눈에 **보이는** 사물은 **역사 속에서는** 진짜입니다.
영의 눈으로 **보면** 사물은 영적실체의   그림자입니다.

성막, 법궤, 지팡이, 만나항아리, 돌판, 향단, 떡상, 등대, 번제단을
영의 눈으로 **보면 무엇이며** 무슨 용어입니까?
사물이며 육적용어 **입니다.**

사물은 영혼이 생명의 양식으로 **먹을 수 없습니다.**
사물을 영혼이 생명의 양식으로 **먹을 수 있도록 만들려면**
육적 용어는 영적 용어를 **찾아야 하고**
사물은 영적 실체를 **찾아야 합니다.**

✔ 성막 구조로 보여주는 영적실체

성 막 뜰	성 소	지 성 소 (법 궤)
교 회	심령의 천국	천상의 천국

구약시대 성막은 **이 세상에 사는 사람들이**
예수님 믿고 구원받아 **천국에 들어가는 단계를 보여줍니다.**

성막구조는 **성막 밖, 뜰, 성소, 지성소의 네 부분으로 나누어집니다.**
성막구조를 **사용하여 보여주고자 하는** 영적 실체는 무엇입니까?

1. 성막 밖은 세상을 **말합니다.**
2. 성막 뜰은 육신의 눈에 **보이는** 교회를 **말합니다.**
3. 성소는   예수님 믿고 영혼 구원받은
    성도들 안에 만들어진 심령의 천국 **입니다.**
4. 지성소는 하나님께서 **계시는**   천상의 천국 **입니다.**

✔ 성막 구조 이 차원해석

성 소 (심령의 천국)	지 성 소 (천상의 천국)	이 차 원 (하 나 님)
등 대 (진리)	돌 판 (진리)	성부하나님
떡 상 (생명)	항아리 (생명)	성자하나님
향 단 (길)	지팡이 (길)	성령하나님

성막구조 **이** 차원해석은

　　　　　사물을 예수님으로 **바꾸어** 주고

　　　　예수님을 하나님으로 **바꾸어**

　　　　각각의 그림자를 **사용하여** 가르쳐 **주시고자 하는**

　　　　영적실체인 삼위 하나님을 찾는 **것입니다.**

1. 성소의 **등대와** 지성소의　돌판은 성부하나님
2. 성소의 떡상과 지성소의 항아리는 성자하나님
3. 성소의 향단과 지성소의 지팡이는 성령하나님의 그림자**입니다.**

☑️ 성막 구조　삼 차원해석

성　　소 (심령의 천국)	지 성 소 (천상의 천국)	삼 차 원 (사　　　역)
등　대 (진리) 떡　상 (생명) 향　단 (길)	돌　판 (진리) 항아리 (생명) 지팡이 (길)	선지자 (말씀) 제사장 (생명) 왕　(인도)

성막구조 **삼** 차원해석은

　　　　　사물을 예수님으로 **바꾸어** 주고

　　　　예수님을 하나님으로 **바꾸어**

　　　　각각의 그림자를 **사용하여** 가르쳐 **주시고자 하는**

　　　　영적실체인 하나님의 삼직을 찾는 **것입니다.**

1. 성소의 **등대와** 지성소의　돌판은　　선지자 사역
2. 성소의 떡상과 지성소의 항아리는　　제사장 사역
3. 성소의 향단과 지성소의 지팡이는　　　왕의 사역을 **말합니다.**

☑ 성막 구조 이 차원, 삼 차원해석 종합도표

성 소 (심령의 천국)		지 성 소 (천상의천국)	이 차 원 (하 나 님)	삼 차 원 (사 역)
등	대	지 팡 이	성부하나님	선지자 (말씀)
떡	상	만나항아리	성자하나님	제사장 (생명)
향	단	돌 판	성령하나님	왕 (인도)

사람을 사용하여 **보여주는** 이 차원, 삼위   하나님으로

삼 차원, 하나님의 삼직으로 해석하기

☑ 여호수아 10장 26절 읽어 봅시다

여호수아 10장 26절

그 후에 여호수아가

그 왕들을 쳐 죽여 **다섯 나무에 매달고**

저녁까지 나무에 달린 채로 두었다가

여호수아 10장 26절을

육신의 눈으로 보면

여호수아가 **가나안 땅을 정복하여** 다섯 왕들을 죽인 **기사입니다.**

여호수아 10장 26절은

여호수아가 **가나안 땅을 정복하여** 다섯 왕들을 죽인 **사건을**

전해주려고 기록한 것이 아닙니다.

여호수아 10장 26절을

영의 눈으로 보면

하나님께서 **이스라엘 백성들의** 영혼을 구원해 **주시려고**

마귀의 **수하들인** 다섯 왕들을 죽인 **것입니다.**

하나님의 영혼구원 사역은

반드시 성부, 성자, 성령, 삼위 하나님께서 함께

선지자, 제사장, 왕의 삼직의 사역을 **하십니다.**

☑ 여호수아 10장 20절 삼 차원해석

역　사	일 차 원 (예 수 님)	이 차 원 (하 나 님)	삼 차 원 (사　역)
여호수아	예　수　님	성령하나님	왕의 사역

예수님 **일 차원해석**

여호수아는 **사람,** 사람은 영적실체의 그림자

여호수아는 구원자, 구원자의 영적실체는 예수님**이십니다.**

예수님께서 여호수아를 **사용하여 가나안의** 다섯 왕을 **죽이셨고**

예수님께서 **장차** 육신의 몸을 입으시고 **이 세상에 오셔서**

원수 마귀를 **멸하시는 모습을 보여줍니다.**

예수님 **이 차원해석**

육신의 눈으로 **보면** 여호수아가 다섯 왕을 심판하고 **죽입니다.**

영의 눈으로 **보면** 하나님께서
여호수아를 **사용하여** 가나안 다섯 왕을 심판하시고 **죽이십니다.**
심판의 사역은 성령하나님의 사역**입니다.**

예수님 삼 차원해석
여호수아는 왕권을 **가지고** 다섯 왕을 심판하고 **죽입니다.**
심판과 생사권의 **권한은** 왕의 권한으로 왕의 사역**입니다.**

하나님은 영이시기 **때문에** 육신의 눈으로 **볼 수 없습니다.**
또 하나님의 사역이나 영의 사역은
육신의 눈으로 **볼 수도 없으며** 이해하기도 어렵습니다.

그러므로 하나님께서
역사 속에 **존재했던** 역사, 사람, 사물을 **사용하여**
하나님 자신을 계시하시고
하나님 자신이 **보여주신** 사역들을
성경에 **기록해 주셨습니다.**

하나님의 사역은 너무나 넓고 광대하기 때문에 이해하기 어렵습니다.

바울이 **가르쳐준** 사차원 해석 방법을 **사용하면** 좀 더 쉽게
하나님의 모습과 사역을 **구분할 수 있어**
예수님의 구원사역을 쉽게 **전해줄 수 있습니다.**

제 14 강
예수님 사 차원해석

빌립보서 2장 5절

세상은 마음이 있다고 **모두 말합니다.**
그러나 "마음이 이것이다" 의 정의는 내리지 못하고 있습니다.

성경에 마음이라는 단어가 **사용된 구절이 1058구절이** 되며
마음과 **관계된 구절들은 셀 수 없이 많이 있습니다.**

마음은 하나님께서 **창조하신 것이기 때문에**
마음의 정의는 **오직 기독교에서만 내릴 수 있습니다.**

 시편 33편
15 그는 그들 모두의 **마음을** 지으시며

마음은 육신의 눈으로 **볼 수 없기 때문에**
　　　육의 세계에 **속한 것이 아니고** 영의 세계에 **속한 것으로**
　　　육의 세계에서 **흔하게 사용되고 있지만** 영적 용어 **입니다.**

바울이 **가르쳐주는 사차원**은 깊이로 **보는 것을** 말합니다.

사차원은 하나님의 생각의 깊이와 하나님의 마음의 깊이로

성경을 보고 해석하는 것을 말합니다.

이 시간 배울 14강은 예수님 사 차원해석입니다.

제 14 강
예수님 사 차원해석

빌립보서 2장 5절

☑ 창세기 6장 6-7절 읽어 봅시다

창세기 6장 6절
땅 위에 사람 지으셨음을 한탄하사 마음에 근심하시고
이르시되 내가 창조한 사람을 내가 지면에서 쓸어버리되

빌립보서 2장 5절
너희 안에 이 마음을 품으라 곧 그리스도 예수의 마음이니

마음은 육신의 눈으로 **볼 수 없기** 때문에

육체로 **표출되는 행동을** 통해

마음의 상태를 **짐작해 볼 수 있습니다**

성경에 마음의 단어가 **처음 나오는 곳은**
　　　창세기 6장 6절에 하나님 안에 마음이 있다는 **기록입니다.**

　　　노아시대 하나님의 아들들이 **죄를 짓고**
　　　땅에 사는 모든 사람들의 생각과 마음의 악함을 **보시고**
　　　하나님께서 **한탄하시고** 마음에 근심하셨다고 **기록하시면서**
　　　하나님 안에 있는 마음의 모습을 **언급하고 있습니다.**

이 차원 해석에서 삼위일체 하나님
　　　곧 성부, 성자, 성령하나님은 **한 분이심을 배웠습니다.**
　　이는 성부, 성자, 성령하나님은 모두 마음이 있다는 **것입니다.**

☑ 창세기 6장 6-7절 읽어 봅시다

> ### 창세기 1장 27절
> 하나님이 자기 형상
> **곧** 하나님의 형상대로 사람을 **창조하시되**
> **남자와 여자를 창조하시고**

사람들에게 "마음이 어디 있느냐"고 **물으면**
　　　　대부분 가슴에 있다고 **말합니다.**
　　　　마음은 사람의 영혼 안에 **있습니다.**

하나님께서 **사람을 창조하실 때**
　　　　자신의 영과 마음과 같은 **모습을 창조하시고**
　　　　영혼 안에 영과 마음을 **넣어두셨습니다.**

하나님께서 자신 안에 **있는** 마음처럼

사람들의 마음을 **창조하여 주셨기 때문에**

사람들은 마음을 통해 하나님의 마음을 **느낄 수 있습니다.**

✅ 로마서 1장

20 창세로부터 그의 보이지 아니하는 것들 곧 그의 영원하신

능력과 신성이 그가 만드신 만물에 분명히 보여 알려졌나니

21 하나님을 알되 하나님을 영화롭게도 아니하며 감사하지도 아니하고

오히려 그 생각이 허망하여지며 **미련한 마음이 어두워졌나니**

✅ 예수님 사 차원해석 도표

1차원(길이) 예 수 님	2차원(높이) 하 나 님	3차원(넓이) 사 역	4차원(깊이) 속 성
성육신 (탄생)			
예수님 사역	성부하나님	선 지 자	생각의 깊이
예수님 수난	성자하나님	제 사 장	마음의 깊이
예수님 죽음	성령하나님	왕	성령의 열매
예수님 부활			

예수님 사 차원 해석은 크게 3가지로 **나누어집니다.**

첫째, 하나님의 생각을 깊이로 **보는 것입니다.**

둘째, 하나님의 마음을 깊이로 **보는 것입니다.**

셋째, 성령의 열매로 **보는 것입니다.**

14강은 예수님 사차원 해석 중 마음의 깊이를 중심으로
성경을 해석하는 방법을 배워 봅니다.
마음은 **높고, 넓고, 깊기** 때문에 이것이 마음이다. 라고
정의하기가 쉽지 않습니다.

☑️ 골로새서 3장 12절 읽어 봅시다

> **골로새서 3장 12절**
> **너희는** 하나님이 택하사 거룩하고 사랑 받는 자처럼
> **긍휼과 자비와 겸손과 온유와 오래 참음을 옷 입고**
>
> **출애굽기 34장 6절**
> 여호와라 여호와라 **자비롭고 은혜롭고**
> **노하기를 더디하고 인자와 진실이 많은** 하나님이라

하나님께서 말씀하시는
자비, 은혜, 인자, 진실, 긍휼, 자비, 겸손, 온유, 등은
하나님 안에 있는 마음 **입니다.**

    1. 신학에서는 이를 하나님의 속성 이라 **말하고**
    2. 바울은   이를 하나님의 형상 이라 **말하고**
    3. 베드로는   이를 하나님의 성품 이라 **말합니다.**

사람은 하나님의 형상대로 **지음을 받았습니다.**

☑️ 창세기 1장
27 하나님이 자기 형상 곧 **하나님의 형상**대로 사람을 창조하시되
   남자와 여자를 창조하시고

사람은 하나님의 형상대로 **창조함을 받았지만**
   창조함을 받은 부분은 육체가 아닌 영혼의 부분 **입니다.**

영혼 안에 있는 생명, 영, 마음이
   하나님의 형상대로 **창조함을 받았습니다.**

  바울은 하나님의 형상대로 **창조한** 영혼의 구조 중에
     하나님의 형상을 닮은 마음의 부분을 **언급하고**

베드로는 하나님의 형상을 영혼 전체를 두고 **언급합니다.**

신학에서 하나님의 형상을 **두 부분으로 나눕니다.**
     하나는 하나님만 소유하시는 속성을 비 공유적 속성으로
     하나는 사람도 소유하는 속성을 공유적 속성으로

하나님만 **소유할 수 있는** 비 공유적 속성으로는
   영원, 무한, 불변이 **있습니다.**

사람들도 소유할 수 있는   공유적 속성으로는
   지혜, 지식, 사랑, 의, 권세, 능력, 사랑, **등이 있습니다.**

하나님 마음에 지혜, 지식, 사랑, 의, 권세, 능력, 사랑, 인자, 등이 **있어**
   이것들로 우주만물을 통치하시고 섭리 하십니다.

성경 안에 하나님께서 '나는 이런 하나님이다.' 라고 말씀하신
마음에 있는 내용들을 약 40-50 가지 정도 찾아볼 수 있습니다.

☑ 하나님 형상의 마음의 대표적인 것들

지 식	감 정	의 지
지혜, 지식, 공의, 진리	사랑, 은혜, 긍휼, 인자	권세, 능력, 충성, 겸손

세상은 마음을 곧 지식, 감정, 의지로 나눕니다.
성경에 나오는 하나님의 마음과 연관된 단어들을
지식, 감정, 의지로 나누어 보면 쉽게 볼 수 있습니다.

마음의 대표적인 것들을 삼요소로 구분하여 보면

1. 지식과 관계된 것들로 지혜, 지식, 공의, 진리
2. 감정과 관계된 것들로 사랑, 은혜, 긍휼, 인자
3. 의지와 관계된 것들로 권세, 능력, 충성, 겸손
등으로 구분해 볼 수 있습니다.

오늘 한국교회 문제는
영혼, 영, 마음, 등을 단어로만 알고 단어만 사용할 뿐
그것들이 어떻게 생겼는지
구조와 각각의 기능이 무엇인지 모릅니다.

다만 육체의 행동을 통해 나타나는 모습을 보고 정의할 뿐입니다.

사차원 해석을 하기 위해서는 반드시
　　　하나님의 영의 생각과 마음을 **알아야 합니다.**

 창세기 19장 24~25절 읽어 봅시다

> 창세기 19장 24~25절
> 여호와께서 **하늘 곧 여호와께로부터** 유황과 불을 소돔과
> 고모라에 비같이 내리사 그 성들과 온 들과 성에 거주하는
> 모든 백성과 땅에 난 것을 다 엎어 멸하셨더라

1차원 해석으로 **보면**
하나님께서 유황과 불로 소돔과 고모라를 **멸하셨습니다.**

창세기 19장 24~25절에서
　　　하나님 마음을 찾아보세요?

창세기 19장 24~25절을 **보면**
　　　하나님의 진노와 심판의 모습이 **보입니다.**

　　　세상에서 심판의 기준은 법이고
　　　성도들의 심판의 기준은 성경입니다.

　　　하나님이 소돔을 심판하실 때
　　　어떤 기준을 가지고 행하시는데
　　　그 기준은 하나님의 마음 안에 있는 공의**입니다.**

 시 편 35편 24절 읽어 봅시다

시 편 35편 24절
여호와 나의 하나님이여 **주의** 공의대로 **나를 판단하사**

시 편 50편 6절
하늘이 그의 공의를 **선포하리니**
하나님 그는 심판장이심 이로다

하나님께서 소돔과 고모라를 심판하실 때
하나님 마음은 **노아시대 홍수 심판 때와 같은 마음입니다.**

✓ 창세기 6장
5 여호와께서 사람의 죄악이 세상에 가득함과
   그의 마음으로 생각하는 모든 계획이 항상 악할 뿐임을 보시고
6 땅 위에 사람 지으셨음을 **한탄하사 마음에 근심하시고**

창세기 19장 24~25절은
하나님께서 **직접 강림하셔서 피고의 말을 듣고**
         눈으로 상황을 직접 보신 후 유황과 불로 **심판하십니다.**

✓ 창세기 18장 20~21절 읽어 봅시다

창세기 18장 20~21절
여호와께서 **또 이르시되 소돔과 고모라에 대한 부르짖음이** 크
고 그 죄악이 심히 무거우니 내가 이제 내려가서
그 모든 행한 것이 과연 내게 들린 부르짖음과 **같은지**
그렇지 않은지 내가 보고 알려 하노라

창세기 19장 24-25절 예수님 사 차원해석

1차원 (길이) 예 수 님	2차원 (높이) 하 나 님	3차원 (넓이) 사 역	4차원 (깊이) 마 음
예수님의 사 역	성령하나님	왕 (재 판)	공의, 권세

창세기 19장 24~25절은

      하나님께서 유황과 불로 소돔과 고모라를 **멸하셨습니다.**

 베드로후서 3장 10절 읽어 봅시다

> 베드로후서 3장 10절
> 그러나 주의 날이 도둑 같이 오리니
> 그 날에는 하늘이 큰 소리로 떠나가고
> 물질이 뜨거운 불에 풀어지고
> 땅과 그 중에 있는 모든 일이 드러나리로다

1차원 해석으로 보면

      예수님께서 소돔과 고모라를 유황과 불로 **심판하셨고**

    장차 세상에 다시 오실 때도

      세상을 유황과 불로 **심판하십니다.**

☑️ 요한복음 16장 8, 11절 읽어 봅시다

> 요한복음 16장 8, 11절
> 그가 와서 **죄에 대하여, 의에 대하여,**
> **심판에 대하여 세상을 책망하시리라**
> 심판에 대하여라 함은
> 이 세상 임금이 **심판을 받았음이라**

2차원 해석은 하나님의 사역을
삼위 하나님의 사역으로 성경을 **보는 것입니다.**

창세기 19장 24~25절의 심판의 사역은
삼위 하나님 중 성령하나님의 사역입니다.

3차원 해석은 하나님의 **직분으로** 성경을 보는 **것입니다.**
하나님의 **삼직은** 선지자, 제사장, 왕입니다.
선지자, 제사장, 왕의 직분 중에서
심판의 사역은 왕의 사역 **입니다.**

4차원 해석은 하나님 마음으로 성경을 보는 **것입니다.**
하나님 마음을 지식, 감정, 의지로 **나누면**

1. 지식의 **부분에는** 지혜, 지식, 공의, 진리
2. 감정의 **부분에는** 사랑, 은혜, 긍휼, 인자
3. 의지의 **부분에는** 권세, 능력, 충성, 겸손, **중에서**

창세기 19장 24∼25절을
하나님 마음으로 살펴보면
공의와 권세의 마음을 찾아 볼 수 있습니다.

사 차원 해석은 영의 생각, 마음의 위치에서 해석합니다.
사 차원 해석하기 위해서는
반드시 일 차, 이 차, 삼차원을 해석해야 합니다.

한국교회 문제점은 본문 안에
하나님의 뜻이 하나만 있다고 생각합니다.

이런 생각을 가지고 있으면서도
10명의 목회자들에게 똑같은 본문을 주면
자신들의 생각으로 10개의 뜻과 설교를 만들어 냅니다.

이는 본문 안에 하나의 뜻이 들어 있는 것이 아니고
10개 이상의 뜻이 들어 있다는 것을 증명하는 것입니다.

10개 이상의 뜻을 찾을 수 있다고 해도
어떤 기준도 없이 자신의 생각만으로
본문에서 하나님의 뜻을 찾아내는 것은 매우 위험합니다.
성경해석은 반드시 하나님께서 원하시는 뜻을 찾아야 합니다.

예수님께서 제자들에게 가르쳐주신
영적실체를 가지고 성경을 해석하는 방법과

바울이 **가르쳐준 사차원으로 성경을 해석하는 방법을 터득하면**
성경해석이 쉽기 때문에 열 명이 아닌 알면 혼자서도
성경만 있으면 10가지 이상의 뜻을 **찾을 수 있어**
다양한 청중의 수준에 맞게
성경을 해석하여 예수님의 증언을 **쉽게 할 수 있습니다.**

 누가복음 7장 12~13절 읽어 봅시다

> 누가복음 7장 12~13절
>
> 성문에 가까이 이르실 때에
> 사람들이 한 죽은 자를 메고 나오니
> 이는 한 어머니의 독자요 그의 어머니는 과부라
> 주께서 **과부를 보시고 불쌍히 여기사 울지 말라 하시고**

누가복음 7장 12~13절을
1차원 해석으로 **보면**
예수님께서 죽은 아들을 보고 슬피 울며 따라가는
과부를 불쌍히 여기사 죽은 아들을 **살려주셨습니다.**

누가복음 7장 12–13절을 사 차원으로 **해석해 봅시다.**

 누가복음 7장 12~13절 예수님 사 차원해석

1차원 (길이) 예 수 님	2차원 (높이) 하 나 님	3차원 (넓이) 사 역	4차원 (깊이) 마 음
예수님 사역	성자하나님	제 사 장	사랑 긍휼 **자비**

4차원 해석은 하나님의 마음으로 성경을 보는 **것입니다.**

하나님의 마음을 지식, 감정, 의지로 **나누면**

1. 지식의 부분에는 지혜, 지식, 공의, 진리
2. 감정의 부분에는 사랑, 은혜, 긍휼, 인자
3. 의지의 부분에는 권세, 능력, 충성, 겸손, 등이 **있습니다.**

누가복음 7장 12-13절을 하나님의 마음으로 **살펴보면**

사랑, 긍휼, 자비의 마음을 **찾아 볼 수 있습니다.**

하나님의 마음을 알면 성경에 나오는 예수님과
하나님의 **사역을** 보면서 사차원의 마음으로 **해석하기 쉽습니다.**

☑ 창세기 22장 9-10절 읽어 봅시다

> ### 창세기 22장 9～10절
> 아브라함이 그 곳에 제단을 쌓고 나무를 벌여 놓고
> **그의 아들 이삭을 결박하여 제단 나무 위에 놓고**
> **손을 내밀어 칼을 잡고** 그 아들을 잡으려 하니

창세기 22장 9～10절을
1차원 해석으로 보면

아브라함이 하나님께서 **자신에게 명령하신 대로**

하나님께서 **지시하시는 산으로 가서**

독자 이삭을 하나님께 **제물로 드립니다.**

창세기 22장 9~10절을 사 차원으로 해석해 봅시다.

✔️ 창세기 22장 9~10절 예수님 사 차원해석

1차원 (길이) 예 수 님	2차원 (높이) 하 나 님	3차원 (넓이) 사 역	4차원 (깊이) 마 음
예수님 사역	성자하나님	제 사 장	사랑 은혜 긍휼 자비

창세기 22장 9-10절을 예수님으로 해석하려면
　　그림자로 **사용한** 사람이나 사물의 영적 실체를 **찾아야 합니다.**

창세기 22장 9-10절에서
　　사람으로 아브라함과 이삭이 **등장합니다.**
　　역사 속에서는 아브라함과 이삭은 진짜입니다.

창세기 22장 9-10절을 **가지고** 예수님을 **전해주려면**
　　아브라함과 이삭은
　　예수님을 **설명해 주기위해서 사용된** 그림자가 **됩니다.**
　　그러므로 아브라함과 이삭의 그림자를 **사용하여**
　　하나님께서 말씀하시려는 영적실체를 **찾아야 합니다.**

창세기 22장 9-10절은
　　아브라함이 이삭을 제물로 바치는 것을 가르쳐 주려고
　　　　　　　　성경을 **기록한** 것이 아닙니다.
　　예수님의 구원사역을 **가르쳐** 주려고 성경을 **기록한** 것입니다.

하나님께서 **말씀하시려는** 영적 실체 5가지는
하나님, 예수님, 영혼, 마음, 천국, **입니다.**

창세기 22장 9-10절을 **가지고** 예수님을 **전해주려면**
아브람과 이삭은 예수님의 그림자가 **됩니다.**

아브람과 이삭의 영적실체 찾기

아브람과 이삭은 아버지와 아들의 **관계입니다.**

영적실체에서 아버지와 아들로 **나타나는 두 모습이 있습니다.**
하나는   성부 하나님과 성자하나님의 **관계입니다.**
하나는 하나님 아버지와   성도들의 **관계입니다.**

주인공이 예수님이실 때는 성부하나님과 성자하나님의 **관계입니다.**
창세기 22장 9-10절의 그림자와 영적실체의 모습은
아브라함은 아버지로 성부하나님의 그림자
이삭은   **아들로** 성자하나님의 그림자가 **됩니다.**

창세기 22장 9~10절을
육신의 눈으로 **보면**
이삭이 **아버지** 아브라함에게 **이끌리어**
산으로 가서 제물로 **바쳐지고 있습니다.**

영의 눈으로 **보면**
이삭이 하나님의 말씀에 **순종하여**
산으로 가서 제물로 **바쳐지고 있습니다.**

 요한복음 10장 15절 읽어 봅시다

요한복음 10장 15절

아버지께서 나를 아시고
내가 아버지를 아는 것 같으니
나는   양을 위하여 목숨을 버리노라

요한서 3장 16절

그가 **우리를 위하여 목숨을 버리셨으니**

창세기 22장 9~10절 **1차원** 해석은

예수님께서 **아버지** 하나님의 명령에 **순종하여**
산으로 가서 자신을 제물로 드리고 있습니다.

신약에서는 예수님께서 **아버지** 하나님의 명령에 **순종하여**
갈보리 산으로 가서 십자가에 달려 **죽으시는** 것입니다.

 요한1서 4장 10절 읽어 봅시다

요한1서 4장 10절

사랑은 여기 있으니 우리가 하나님을 사랑한 것이 아니요
하나님이 **우리를 사랑하사**
우리 죄를 속하기 위하여 **화목제물로**
그 아들을 보내셨음이라

2차원 해석은 하나님의 사역을
삼위 하나님의 사역으로 성경을 보는 것입니다.

아브라함이 이삭을 제물로 제단에 바치는 것은
성부 하나님께서 성자 하나님을
십자가에 달려 죽게 하시는 것입니다.

3차원 해석은 하나님의 직분으로 성경을 보는 것입니다.
하나님의 삼직은 선지자, 제사장, 왕, 입니다.
죄로 인한 죽음은 심판으로 왕의 사역 입니다.

☑ 요한1서 4장 10절 읽어 봅시다

> 요한서 4장 10절
> 하나님이 **우리를** 사랑하사 **우리 죄를 속하기 위하여**
> **화목제물로** 그 아들을 보내셨음이라
>
> 시 편 51편 1절
> 하나님이여 **주의 인자를** 따라 내게 은혜를 베푸시며
> **주의 많은 긍휼을** 따라 내 죄악을 지워 주소서

4차원 해석은 하나님 마음으로 성경을 보는 것입니다.
하나님 마음을 지식, 감정, 의지로 **나누면**

1. 지식의 부분에는 지혜, 지식, 공의, 진리
2. 감정의 부분에는 사랑, 은혜, 긍휼, 인자
3. 의지의 부분에는 권세, 능력, 충성, 겸손, 등이 **있습니다.**

창세기 22장 9~10절을 하나님 마음으로 **살펴보면**
사랑, 은혜, 긍휼, 자비의 마음을 **찾아 볼 수 있습니다.**

성경해석의 답은 **반드시** 성경 안에 **있습니다.**
성경해석의 답을 성경이 아닌 **다른 곳에서 가져오면 거짓 입니다.**

성경을 기록한 **첫 번째의 목적은**
예수님의 구원사역을 **우리에게** 가르쳐 **주시기 위함입니다.**

성경을 기록한 **두 번째의 목적은**
죽은 영혼을 어떻게 구원하는가를 **가르쳐 주시기 위함입니다.**

육신의 눈으로 **보이는** 역사, 사람, 사물은 역사 속에서는 진짜지만
영의 눈으로 **보는** 영혼구원의 위치에서 **보면** 그림자가 **됩니다.**
그림자는 **반드시** 하나님께서 말씀하시려는
영적 실체를 **찾아야 바르게 성경을 해석할 수 있습니다.**

예수님 믿는 모든 자녀들은
예수님의 증인이 **되어야 하는** 의무가 **있습니다.**

예수님과 바울이 **가르쳐주는** 성경해석 방법을 알면
누구든지 성경만 **가지고도** 성경을 쉽게 해석하여
다양한 청중들에게 예수님의 증인이 **될 수 있습니다.**

제 15 강
영혼구원 일 차원해석

디모데후서 3장 15절

오늘 한국교회는 교회 다닌 지 10년, 20년, 50년이 지나도

1. 육신의 눈에 보이는 문장에 설명을 약간 붙여서
   육신이 잘 먹고 잘 사는 복에 대한 설교만 하고
2. 성경에 기록된 윤리, 도덕을 찾아서 오늘의 삶에 적용시키는
   육적설교만 하고 있기 때문에 영혼이 병들어 갑니다.

 디모데후서 3장 15절 읽어 봅시다

> 디모데후서 3장 15절
> **어려서부터** 성경을 **알았나니**
> 성경은 **능히 너로 하여금**
> **그리스도** 예수 안에 **있는 믿음으로 말미암아**
> 구원에 이르는 지혜가 있게 하느니라

성경을 육신의 눈으로 **보면** 역사, 사람, 사물들의 이야기가 **보이지만**
성경은 **어느 곳을 펼치든지** 영혼구원에 대한 이야기입니다.

영의 눈으로 성경을 볼 수 **있어야**
죽은 영혼을   어떻게 살릴 수   있는지
병든 영혼을   어떻게 건강하게 할 수 **있는지**
산 영혼이 생명의 양식을   어떻게 먹을 수 **있는지 볼 수 있습니다.**

성경을 보는 방법과 성경 해석하는 방법을 배우지 못해
성경을 읽고 **공부를 해도 육신의 눈에 보이는**
역사, 사람, 사물들의 이야기들을 **지식으로만 담기 때문에**
영혼이 생명의 양식으로 **먹지 못하고 있습니다.**

그로인해 초신자 수준의 설교에만 **의지하여** 영혼이 병들고
영혼이 배고파 수많은 교인들이 **교회를 떠나고 있습니다.**

이 시간 배울 제 15 강은 영혼구원 일 차원해석 입니다.

제 15 강
영혼구원   일 차원해석

요한복음 5장 39절

영혼구원 **사차원 해석 방법은** 성경을 영의 성장 수준에 **맞도록**
생명의 양식으로 **만들어** 영혼이 먹게 하는 **방법입니다.**

바울은 예수님을 알기 **위해서는**

　　길이, 높이, 넓이, 깊이로 성경을 보고 해석할 수 **있어야**
　　예수님의 사랑을 알고
　　하나님의 충만한 것으로 충만하게 **된다고 말합니다.**

☑️ 에베소서 3장
18 능히 모든 성도와 함께 지식에 넘치는 **그리스도의 사랑을** 알고
19 그 **너비와 길이와 높이와 깊이가** 어떠함을 깨달아
　　하나님의 모든 충만하신 것으로
　　너희에게 충만하게 하시기를 구하노라

현재 한국교회가 **가장 많이 사용하고**
　　　　　　　　최고라고 주장하는 설교 방식은 강해설교 **입니다.**

한국교회가 주장하는 강해설교란?
성경본문에서 하나님의 뜻을 찾아
　　듣는 자들의 필요와 환경에 맞게 적용하여
　　육체가 어떻게 순종해야 하는 것을 **가르쳐 주는 것을 말합니다.**

　　이를 효과적으로 잘 이해할 수 있도록 전해주기 위해서
　　내용을 육하원칙 (누가, 언제, 어디서, 무엇을, 어떻게, 왜)에
　　　　　　맞추어서 전해주는 설교를 강해설교라고 **말합니다.**

　　성경을 **잘 해석하여 청중이 듣기 좋게**
　　육하원칙에 적용하는 최고의 강해설교를 한다고 해도
　　　　　　영혼과 **관계되지 않는** 설교라면 죽은 설교 **입니다.**

☑ 욥기 2장 9~10절 읽어 봅시다

욥기 2장 9~10절
그의 아내가 그에게 **이르되**
당신이 그래도 자기의 온전함을 굳게 지키느냐
하나님을 욕하고 죽으라
그가 이르되 그대의 말이 한 어리석은 여자의 말 같도다
우리가 하나님께 복을 받았은즉 화도 받지 아니하겠느냐
이 모든 일에 욥이 입술로 **범죄하지 아니하니라**

욥기서 2장 1-10절의 **내용은 크게 2부분으로 나누어집니다.**

하나는 사단의 두 번째 시험이고
하나는   욥의 아내의   불신입니다.

☑ 욥기서 2장 9~10절 강해설교의 틀 만들기

육하원칙	사 건
누 가	욥의 아내
언 제	집이 망한 후
어 디 서	욥의 집에서
무 엇 을	하나님을 버림
어 떻 게	남편 원망
왜	욕심 때문에

적용 : 인내하는 자가 복을 받는다. (야고보서 5장 11절)

☑️ 마태복음 8장 13절 읽어 봅시다

마태복음 8장 13절
예수께서 백부장에게 이르시되 가라
네 믿은 대로 될지어다 하시니 그 즉시 하인이 나으니라

☑️ 마태복음 8장 5-13절 강해설교 틀 만들기

육하원칙	사 건
누 가	백 부 장
언 제	예수님 만나서
어 디 서	가버나움
무 엇 을	하인의 중풍병
어 떻 게	찾아가서 간구
왜	건강을 위해

적용 : 믿고 구하면 응답 받는다. (마태복음 21장 22절)

본문을 육하원칙의 틀을 만들고 문장을 이어가면서
오늘에 할 수 있도록 적용을 찾아서 전해주는 설교 입니다.

사전에서 정의하는 설교나 강해설교는
어떤 내용을 풀어서 말로 전하는 것이기 때문에
사전의 정의로 보면 설교가 맞습니다.

그러나 이런 설교는 기독교 **말고도** 불교, 천주교, 이단들도
이렇게 윤리, 도덕적인 설교를 합니다.

성경이 말하는 설교는
육신이 **듣고 순종하는** 윤리, 도덕적인 설교가 **아닙니다.**
영혼이 구원받고, **치료받고,** 변화되고, 성장하여
하나님의 뜻에 **순종하도록** 영혼에게 주는 설교 **입니다.**

욥기서 2장 1~10절을 육신의 눈으로만 **보기 때문에**
사단의 공격과 욥의 인내에 **초점을 맞추게 됩니다.**
이렇게 보기 때문에 설교가 윤리, 도덕 설교로 **바뀌어**
오늘날 육신의 적용을 찾아 욥과 같이 인내하자는 설교를 **합니다.**

☑ 욥기 2장 9~10절 읽어 봅시다

> **욥기 2장 9~10절**
> 그의 아내가 그에게 **이르되**
> **당신이 그래도 자기의 온전함을 굳게 지키느냐**
> 하나님을 욕하고 죽으라
> **그가 이르되 그대의 말이 한 어리석은 여자의 말 같도다**
> **우리가 하나님께 복을 받았은즉 화도 받지 아니하겠느냐**
> 이 모든 일에 욥이 입술로 **범죄하지 아니하니라**

하나님을 믿고 섬기던 욥의 아내가 **생활이 어렵게 되자**
하나님을 **원망하고** 남편을 원망하고 집을 나가버렸습니다.
하나님을 **원망하고 교회를 떠나면** 영혼구원 받습니까?

마태복음 10장 32~33절 읽어 봅시다

마태복음 10장 32~33절
누구든지 사람 앞에서 나를 시인하면
나도 하늘에 계신 내 아버지 앞에서 그를 시인할 것이요
누구든지 사람 앞에서 나를 부인하면
나도 하늘에 계신 내 아버지 앞에서 그를 부인하리라

욥기서 2장 1~10절은
　욥의 인내를　　　　가르쳐 주려고 기록하고 있는 것이 아니고
　욥의 영혼구원 문제를 가르쳐 주려고 기록하고 있는 것입니다.

욥기서 2장 1~10절의 핵심은 욥과 아내의 구원에 대한 **비교입니다.**
　　　욥과　　　**같이 하면** 영혼 구원받고
　　　욥의 아내와 **같이 하면** 영혼 구원받지 **못합니다.**

✅ 욥의 아내 일 차원해석 도표 만들기

육하원칙	사 건	일차원 해석
누 가	욥의 아내	나
언 제	집이 망한 후	집이 망한 후
어 디 서	욥의 집에서	교회에서
무 엇 을	하나님을 버림	하나님을 버림
어 떻 게	남편 원망	남편 원망
왜	욕심 때문에	욕심 때문에
적용 : 원망하고 교회를 떠나면 지옥 간다.		

영혼구원의 **일차원 해석**은
성경에 **등장하는** 사람을 나로 **바꾸어 주는 것입니다.**

아담, 노아, 아브라함, 모세, 다윗	나

아담, 노아, 아브라함, 모세, 다윗을 나로 **바꾸어 주면**
성경이 **역사가 아닌 지금** 하나님께서 나에게 **주시는 말씀이** 됩니다.

☑️ 욥기서 2장 9~10절 욥의 아내 편을 수정해서 읽어 봅시다

욥기 2장 9~10절
<u>그의 아내가</u> (내가) <u>그에게</u> (남편에게) 이르되
당신이 그래도 자기의 온전함을 굳게 지키느냐
하나님을 욕하고 죽으라 <u>그가</u> (남편이) 이르되
<u>그대의</u> (당신의) 말이 한 어리석은 여자의 말 같도다

일차원 해석에서 욥의 아내가 내가 **되기 때문에**
욥의 아내가 하나님을 **원망하고** 남편을 원망하고
교회를 **다니지 않으면** 구원받지 **못하는 것이 아니고**

내가 하나님을 **원망하고** 남편을 원망하고
교회를 **다니지 않으면** 구원받지 **못합니다.**

전자처럼 하면 **역사 속에 살았던** 욥의 아내의 이야기가 **됩니다.**
후자처럼 욥의 아내를 나로 **바꾸어 주면**
하나님께서 지금 나에게 **주시는 말씀이** 됩니다.

☑️ 욥의 일 차원해석 도표 만들기

육하원칙	사 건	일 차원 해석
누 가	욥	나
언 제	가정 파산 후	가정 파산 후
어 디 서	욥의 집에서	교회에서
무 엇 을	믿음 지킴	믿음 지킴
어 떻 게	원망하지 않음	원망하지 않음
왜	사랑받기 위해	사랑받기 위해
적용 : 끝까지 믿음 지키고 변치 않으면 천국 간다.		

☑️ 욥기서 2장 9~10절 욥의 편을 수정해서 읽어 봅시다

욥기 2장 9~10절
그의 (아내가) 그에게 (나에게) 이르되
당신이 그래도 자기의 온전함을 굳게 지키느냐
하나님을 욕하고 죽으라 그가
(내가) 이르되 당신의 말이 한 어리석은 여자의 말 같도다
우리가 하나님께 복을 받았은즉 화도 받지 아니하겠느냐
이 모든 일에 욥이 (내가) 입술로 범죄하지 아니하니라

일차원 해석에서 욥이 내가 되기 때문에

욥이 하나님을 원망하지 않고 순전함을 지키고
교회를 다니면 영혼 구원받는 것이 아니고

내가 하나님을 원망하지 않고 순전함을 지키고
교회를 다니면 영혼 구원받는 것입니다.

전자처럼 하면 **역사 속에 살았던** 욥의 이야기가 **됩니다.**

후자처럼 욥을 나로 **바꾸어 주면**

하나님께서 지금 나에게 **주시는 말씀이 됩니다.**

하나님의 말씀은 항상 살아있고

지금 나에게 **주시는** 말씀이기 **때문에**

욥이나 욥의 아내의 이야기가 **되면 안 됩니다.**

☑️ 백부장 일 차원해석 도표 만들기

육하원칙	사 건	일차원 해석
누 가	백 부 장	나
언 제	예수님 만나서	예수님 만나서
어 디 서	가버나움	교회에서
무 엇 을	하인의 중풍병	내 중풍병
어 떻 게	찾아가서 간구	기도와 간구
왜	일을 시키기 위해	충성하기 위해

☑️ 마태복음 8장 13절 수정해서 읽어 봅시다

마태복음 8장 13절
예수께서 **백부장에게** (나에게) 이르시되 가라
네 믿은 대로 될지어다 하시니
그 즉시 하인이 (내가) 나으니라

마태복음 8장 13절을

　　　　육신의 눈으로 **보면**

　　　　백부장이 하인의 중풍 병을 위해

　　　　예수님께 **간구하여 고침 받는 내용입니다.**

마태복음 8장 13절을

　　　　영의　눈으로 **보면**

　　　　백부장의 죽은 영혼이

　　　　예수님을 믿고 영혼 구원받는 모습입니다.

　　　　하인은 백부장의 병든 영혼의 모습입니다.

마태복음 8장 13절은

　　　　마태가 백부장이 예수님을 믿어 하인의 중풍 병이

　　　　치료받음을 전해주기 위해 기록한 것이 아니고

　　　　이방인 백부장이 예수님을 믿는 **믿음을 비유로 들어서**

　　　　유대인들에게 구원에 **대해서 가르쳐 주고 있는 것입니다.**

✅ **마태복음 8장**

10 예수께서 들으시고 놀랍게 여겨 따르는 자들에게 이르시되

　　내가 진실로 너희에게 이르노니

　　이스라엘 중 아무에게서도 **이만한 믿음을 보지 못하였노라**

11 또 너희에게 이르노니 동 서로부터 많은 사람이 이르러

　　아브라함과 이삭과 야곱과 함께 **천국에 앉으려니와**

12 그 나라의 **본 자손들은**

　　바깥 어두운 데 쫓겨나 거기서 울며 이를 갈게 되리라

육신의 눈으로 **보면**

　　욥기 2장과 마태복음 8장은 **전혀 다른 내용입니다.**

　영의 눈으로 **보면**

　　백부장은 욥이고,　유대인은 욥의 아내 **입니다.**

마태복음 8장 13절은

　　백부장이 예수님 믿고　영혼구원 받았다는 **말이 아니고**

　　내가 예수님 믿으면 영혼구원 받는다는 **말입니다.**

성경에 **등장하는** 사람을 나로 **바꾸면**

성경은 내 영혼구원 이야기가 **됩니다.**

역사, 사람, 사물을 영혼구원의 **사차원 해석으로 만들려면**

　반드시 그것들을 그림자로 사용하여 하나님께서 말씀하시려는

　영의 실체로 **바꾸어 주어야 합니다.**

영혼구원 일차원 해석에서는

　　역사, 사람, 사물을 나와 현재로 바꾸어 **주는 것입니다.**

두 번째 사물을 가지고 영혼구원 일차원 해석을 **해봅니다.**

나무, 돌, 성전, 양, 소, 땅	나

영혼은 육신의 눈으로 **볼 수 없고** 설명해 주어도

　사람들이 이해할 수 없기 때문에 육신의 눈에 보이는

　사람들을 그림자로 사용하여 **설명해 줍니다.**

　사람으로 설명해 주기 어려운 것들은

　　사물을 그림자로 사용하여 **설명해 줍니다.**

270　성경이 해석되어 지네

나무, 돌, 성전, 양, 소, 땅은 역사 속에서 진짜입니다.
그러므로 성경공부나 역사를 전해줄 때는 눈에 보이는
문자 그대로 전해주어야 합니다.

이것들을 사용하여 영혼을 가르쳐 줄때는 영혼의 그림자가 되기
때문에 먼저 사물들을 나로 바꾸어 주어야 합니다.

☑ 골로새서 2장 16-17절 읽어 봅시다

골로새서 2장 16-17절
먹고 마시는 것과 절기나 초하루나 안식일을 이유로
누구든지 너희를 비판하지 못하게 하라
이것들은 장래 일의 그림자이나 몸은 그리스도의 것이니라

히브리서 8장 5절
그들이 섬기는 것은 하늘에 있는 것의 모형과 그림자라

골로새서 2장 16~17, 히브리서 8장 5절에서
음식, 절기, 안식일 성전, 등이 그림자라는 말은
이것들이 가짜라는 말이 아니고 역사 속에서는 진짜 입니다.

성경은 이런 것들이 무엇인지 가르쳐 주려고 기록한 것이 아니고
육신의 눈으로 볼 수 없었던 장차오실 예수님을 가르쳐 주려고
사용했던 것입니다.

그러므로 역사나 문자 속에서는 진짜지만
예수님을 가르쳐 주려고 할 때는 그림자가 됩니다.

☑ 이사야 5장 2절을 읽어 봅시다

> ### 이사야 5장 2절
> **땅을 파서 돌을 제하고 극상품** 포도나무를 **심었도다**
> **그 중에 망대를 세웠고 또 그 안에 술틀을 팠도다**
> **좋은 포도 맺기를 바랐더니   들포도를 맺었도다**

이사야 5장 2절을
육신의 눈으로 **보면 포도원에 있는   포도나무 이야기입니다.**
주인이 포도원에 **극상품 포도나무를 심었는데**
포도나무에 **들포도가 맺혀 있습니다.**

☑ 이사야 5장 2절 강해설교의 틀 만들기

육하원칙	사 건
누 가	포도나무
언 제	추수 때
어 디 서	포 도 원
무 엇 을	심 판
어 떻 게	들 포도 열매
왜	나쁜 나무되어

적용 : 육체의 열매를 맺으면 지옥 간다. (갈라디아 5장 21절)

이사야 5장 2절은 그림자로 사용된 **포도나무의 영적실체**를
이사야 5장 7절에서 **가르쳐주십니다.**

☑ 이사야 5장 7절을 읽어 봅시다

> ### 이사야 5장 7절
> **무릇 만군의 여호와의 포도원은** 이스라엘 족속이요
> **그가 기뻐하시는 나무는** 유다 사람이라
> 그들에게 정의를 **바라셨더니 도리어** 포학이요
> 그들에게 공의를 **바라셨더니 도리어** 부르짖음이었도다

이것이 성경이 가르쳐 주는
사물의 그림자에 **대한 성경해석 방법입니다.**

☑ 이사야 5장 2절 사물 일 차원해석 도표 만들기

육하원칙	사 건	일차원 해석
누 가	포도나무	나
언 제	추수 때	세상 끝
어 디 서	포 도 원	하나님의 심판대
무 엇 을	심 판	심 판
어 떻 게	들 포도 열매	육체의 열매
왜	나쁜 나무되어	사단의 종
적용 : 죄의 종으로 사망에 이른다.		

☑️ 이사야 5장 2절 수정하여 읽어 봅시다

이사야 5장 2절
땅을 파서 돌을 제하고 극상품 **포도나무**
나를 심었도다
그 중에 망대를 세웠고 또 그 안에 술틀을 팠도다
좋은 포도 (성령의 열매를) 바랐더니
들포도 (육체의 열매를) 맺었도다

☑️ 이사야 5장 2절
육신의 눈으로 보면 포도원의 포도나무 **이야기**로
들포도 맺는 포도나무를 **잘라버린다**는 내용입니다.

☑️ 이사야 5장 2절
영의 눈으로 **보면 포도원의 포도나무 이야기**가 아니고
가나안 땅에 사는 이스라엘 백성들의 구원이야기로
포악한 이스라엘 백성들의 영혼을 버리신다는 **것입니다.**

이사야 5장 2절을 일차원 해석으로 보면
포악하고 강팍한 이스라엘 백성들을 **버리신다는 것을**
전해주기 위해 기록한 것이 아닙니다.

죄로 죽은 내 영혼을 교회로 **불러주시고** 예수님의 생명으로 **살려주시고**
하나님의 **자녀삼아** 성령의 열매를 맺도록 **은혜를 베풀어 주시는데**
마귀의 종이 되어 육체의 열매를 맺고 **살아가며** 교회 다니는
나의 영혼을 버리신다는 **것입니다.**

☑️ 갈라디아서 5장 19, 21절 읽어 봅시다

> 갈라디아서 5장 19, 21절
> 육체의 일은 분명하니 곧 음행과 더러운 것과 호색과
> 투기와 술 취함과 방탕함과 또 그와 같은 것들이라
> 이런 일을 하는 자들은
> 하나님의 나라를 유업으로 받지 못할 것이요

☑️ 고린도전서 3장 16~17절 읽어 봅시다

> 고린도전서 3장 16~17절
> 너희는 너희가 하나님의 성전인 것과
> 하나님의 성령이 너희 안에 계시는 것을 알지 못하느냐
> 누구든지 하나님의 성전을 더럽히면
> 하나님이 그 사람을 멸하시리라
> 하나님의 성전은 거룩하니 너희도 그러하니라

영혼구원의 일차원 해석은 사람과 사물을
나로 바꾸어 주면 역사 이야기가 아닌
지금 하나님께서 나에게 주시는 살아 있는 말씀이 됩니다.

☑️ 사람, 사물 종합

사 람	아담, 노아, 아브라함, 모세, 다윗	나
사 물	나무, 돌, 성전, 양, 소, 땅	나

☑ 실습 마태복음 7장 15-19절 강해설교의 틀 만들기

육하원칙	사 람	사 물
누 가	거짓 선지자	가시, 엉겅퀴
언 제	예수님 당시	예수님 당시
어 디 서	산상 설교 시	산상 설교 시
무 엇 을	열 매	열 매
어 떻 게	탐욕, 방탕	나쁜열매 맺음
왜	악이 가득하여	못된 나무

☑ 마태복음 7장 15-19절 일 차원해석 도표 만들기

육하원칙	사 람	사 물	일차원 해석
누 가	거짓 선지자	가시, 엉겅퀴	나
언 제	예수님 당시	예수님 당시	현 재
어 디 서	산상 설교 시	산상 설교 시	영 혼
무 엇 을	열 매	열 매	행 위
어 떻 게	탐욕, 방탕	나쁜 열매	육체 열매
왜	악이 가득하여	못된 나무	악이 가득하여
적용 : 성령의 열매를 맺지 않으면 찍어 불에 던진다.			

☑ 마태복음 7장 19절 읽어 봅시다

> **마태복음 7장 19절**
> 아름다운 열매를 맺지 아니하는 나무마다
> 찍혀 불에 던져지느니라

마태복음 7장 19절은

아름다운 열매 맺지 않는 나무를 찍어 불에 던진다는 것을
전해주기 위해 기록한 것이 아닙니다.

나무는 사물입니다. 나무를 나로 **바꾸어 주면**
예수님 믿고 **교회 다니는** 내가 성령의 열매를 맺지 **않으면**
지옥에 던져버리신다는 것입니다.

역사, 사람, 사물 이야기는 육체가 즐겁게 들을 수 있지만
영혼이 생명의 양식으로 **먹을 수 없고 죽은 말씀** 입니다.

역사, 사람, 사물을 나로 **바꾸어주면**
지금 하나님께서 **지금** 나에게 **주시는** 말씀이 **됩니다.**

또 본문에서 시제만 지금으로 바꾸어 주면
본문 **어디를 펼치든지 살아있는** 말씀이 되기 때문에
지금 내 영혼이 생명의 양식으로 **먹을 수 있습니다.**

제 16 강
영혼구원 이 차원해석

요한복음 5장 39절

예수님 당시 율법이 **주어진 지 1400년**이 지나고 있었지만
유대인들의 성경을 보는 방법은
문자 그대로 **역사나**, 사람이야기, 교훈, 등을
읽는 그대로 **받아들이고 전하고** 있었습니다.

성경을 원어로 보고 유대인 역사를 유대인들보다
더 잘 아는 사람들은 **없었지만**
성경을 해석하여 **가르치는** 제사장, 서기관, 레위 인들을 향해
예수님께서 **맹인이라고** 말씀하십니다.

 마태복음 15장 14절 읽어 봅시다

> ### 마태복음 15장 14절
> **그냥 두라** 그들은 맹인이 되어 **맹인을 인도하는 자로다**
> 만일 맹인이   맹인을 인도하면
> 둘이 다 구덩이에 빠지리라 하시니

예수님께서 **말씀하시는** 맹인은
육신의 눈이 보이지 않기 **때문이 아닙니다.**
그들의 육신의 눈은 밝아 성경을 보는 것뿐만 **아니라**
그들은 율법을 모두 암송하고 날마다 주야로 묵상하고 **있었습니다.**

맹인이라고 말씀하신 이유?

1. 성경을   영의 눈으로   보지 **못하는** 것
2. 성경 속에 **감추어둔** 영혼구원의 비밀을   알지 **못하는** 것
3. 성경 속에 **감추어둔** 예수님 구원사역을   알지 **못하는** 것
4. 성경 속에 **감추어둔** 천국의   비밀을   알지 **못하는** 것
5. 역사, 사람, 사물의 영적실체를   알지 **못하는** 것입니다.

 마태복음 13장 11, 13절 읽어 봅시다

> **마태복음 13장 11, 13절**
> 천국의 비밀을 아는 것이 **너희에게는 허락되었으나**
> 그들에게는 **아니 되었나니**
> 내가 그들에게 **비유로 말하는 것은**
> 그들이 보아도 보지 못하며
> 들어도 듣지 못하며 **깨닫지 못 함이니라**

성경은 **각 나라 말로 번역되었기 때문에**
누구든지 글만 알면 **읽을 수 있습니다.**
그러나 영의 눈과 귀가 **열리지 않으면** 맹인과 **같습니다.**

☑ 요한복음 5장 39절 읽어 봅시다

> 요한복음 5장 39절
> **너희가** 성경에서 영생을 얻는 줄 **생각하고**
> 성경을 연구하거니와

영안이 열렸다는 **말은**
육신의 눈으로는 성경 안에 **기록된**
  역사, 사람, 사물의 이야기를 보고 **있지만**
 영의 눈으로는 성경 안에 **감추어둔**
  영혼구원 받는 방법을 **볼 수 있는 것을** 말합니다.

영의 세계의 일은 **특별히**
  하나님께서 주시는 은혜와 은사를 **통해 알 수 있지만**
  성경을 보는 눈은 **배움을 통해 알 수 있기 때문에**
  예수님께서 제자들에게 **가르쳐 주신 것입니다.**

☑ 마태복음 13장 11, 16절 읽어 봅시다

> 마태복음 13장 11, 16절
> **천국의 비밀을 아는 것이**
>   너희에게는 허락되었으나
>   너희 눈은 봄으로,
>   너희 귀는 들음으로 **복이 있도다**

사람은 육체와 영혼의 두 종류의 독립적 주체가
시한부 속에서 하나로 결합되었습니다.

육신의 눈으로 성경을 볼 때
역사, 사람, 사물은 지식으로 이해할 수 있습니다.

성경은 하나님께서 영혼에게 주시는 말씀입니다.
영의 세계는 역사, 사람, 사물이 존재하지 않기 때문에
영혼은   역사, 사람, 사물을 받아들일 수 없습니다.

성경공부나 성경의 역사를 배울 때는
육신의 보이는 눈만 있으면 지식으로 성경을 알 수 있습니다.

영혼이 하나님의 말씀을 받기 위해서는
영의 눈과 귀가 열려 있어야 하기 때문에
성경을 볼 때 육신의 눈과 영의 눈으로 모두 볼 수 있어야 합니다.

대부분의 성경해석자들이나 설교자들이
육신의 눈과 영의 눈으로 성경을 보는 방법을 몰라
둘로 나누지 않고 하나로 묶어 버립니다.

그로인해 육적설교를 하면서도   영적설교를 한다고 말하고
영적설교를 한다고 하면서도 육적설교를 하여
죽고 아니고, 밥도 아닌 해석과 설교를 하고 있습니다.

영적용어와 영적실체는 육신의 눈으로 **보기 어렵기 때문에**

　　　　　　그림자와 비유를 **사용하여 설명이 필요하지만**

영적용어와 영적실체는 **절대 다른 것으로 해석하면 안 됩니다.**

영적실체인 하나님, 예수님, 영혼, 마음, **천국을**

　　　　　다른 것으로 해석하면 가짜가 되고 이단**입니다.**

육신의 눈으로 **볼 수 있는** 역사, 사람, 사물은 **그대로 받아들이지만**

육신의 눈으로 성경 안의 역사, 사람, 사물을 **읽으면서**

영혼구원 받는 방법을 **찾으려면 반드시** 영적실체를 **찾아야 합니다.**

이 시간 배울 16강은 영혼구원 이 차원해석 입니다.

제 16 강
영혼구원   이 차원해석

요한복음 5장 39절

이 차원해석은 자신이 서 있는 **위치에서 위로 보는 것을 말합니다.**

　　　　　　사람이 땅에 **서서 위로 보면 하늘이 보입니다.**

영의 눈이 **열린다면 하늘 위에 있는** 천국을 볼 수 **있습니다.**

　　　하나님께서 **창조하신**　　　세상은

　　　육신의 눈으로 **볼 수 있는** 세상과

　　　　영의 눈으로 **볼 수 있는** 세상이 있습니다.

영혼구원 일 차원해석은
육신의 세계의 **위치에 서서** 육신의 눈으로 **보는 것을 말하고**
영혼구원 이 차원해석은
　영의 세계의 **위치에 서서**　　영의 눈으로 **보는 것을 말합니다.**

일차원의 위치인 육의 세계에 내가 **서 있으면**
　　　　　　　　　　나는 육체를 **가지고 있습니다.**
이차원의 위치인 영의 세계에 내가 **서 있으면**
　　　　　　　　　　나는 영혼만 **가지고 있습니다.**

영혼구원 이 차원해석은
성경에 사람, 사물이 **나올 때** 육체가 없다고 **생각하면**
　　　사람인 아브라함은 아브라함이 **아니고** 영혼이 **됩니다.**
　　　사물인 양과 소는　양과 소가 **아니고** 영혼이 **됩니다.**

☑ 영혼구원 이 차원해석

역　　사	그림자	일차원	이차원
아담, 노아, 아브라함, 모세	사　람	나	영　혼
나무, 돌, 성전, 양, 소	사　물	나	영　혼

사람이나 사물은 역사 속에서 진짜이기 **때문에**
성경공부 할 때나 역사를 배울 때는 **바꾸면 안 됩니다.**

그러나 영혼이 먹어야 하는
생명의 양식인 설교에서는 역사 이야기는 **먹을 수 없습니다.**

성경이 내게 **주어질 때는**

> **지금** 하나님께서 내게 명령하고 **있기 때문에**
> 성경의 본문과 같이 지금 내가 **순종해야 합니다.**

1. 내가   노아처럼   방주를   **지어야 하고**
2. 내가 아브라함처럼   우르를   **떠나야 하고**
3. 내가   나오미처럼 가나안으로 **돌아가야 합니다.**

이렇게 순종하려면 세 가지의 문제가 생기게 됩니다.

> 하나는 우리 앞에   **똑같은 상황이 벌어지지 않습니다.**
> 하나는 내가 그들과 똑같이 할 수 **없습니다.**
> 하나는 하나님께서 노아, 아브라함, 나오미에게 말씀하고
>   내게 말씀하시는 **것이 아닙니다.**

똑같은 상황도 아니고 내가 할 수 도 없고
                  내가 받은 명령이 **아니라면**
본문의 하나님의 말씀은 죽은 말씀이 **됩니다.**

성경이 **지금** 하나님께서 나에게 **주는** 말씀이 되게 **하려면**
일차원 해석에서 노아, 아브라함, 나오미를 나로 바꾸어 **주면 됩니다.**

> 나로 바꾸면 **지금** 하나님께서 **지금** 나에게
>   말씀하시는 살아있는 말씀이 **됩니다.**

이렇게 노아, 아브라함, 나오미를 나로 바꾸어 **주어도**
            내 육체는 하나님의 명령에 **순종할 수 없습니다.**

이 차원해석은
하나님께서 영혼에게 말씀을 주시기 때문에
말씀을 받는 대상이 노아, 아브라함, 나오미가 아니고
　　　　　　　　노아, 아브라함, 나오미의 영혼이 되어야 합니다.

일 차원해석에서　　노아, 아브라함, 나오미가 나로 바뀌어
　　　　　　내가 하나님 말씀을 받게 되었지만
이 차원해석에서는 내 영혼이 하나님 말씀을 받아야 하기 때문에
　　　　　　나를 다시 영혼으로 바꾸어 주어야 합니다.

　　　성경을 육신의 눈으로 보면　나에게 주시는 말씀이지만
　　　　　영의 눈으로 보면 영혼에게 주시는 말씀 입니다.

　　　성경을 영혼이 받기 위해서는 먼저
　　　성경에서 내 영혼의 모습을 어떻게 기록하고 있는지를
　　　　　　　　　　　　알아야 합니다.

외형으로 보면 똑같은 사람들인데 병원에 가면 사람들을
　　　　　건강한 사람, 병든 사람, 죽은 사람으로 나눕니다.

육신의 눈으로 영혼을 볼 수 없기 때문에
하나님께서 역사 속에 살았던 사람들을 등장시켜
　　　　성경에 여러 가지　영혼의 모습을 보여주고 있습니다.
　　　　성경에 대표적으로 영혼의 모습을
　　　　　　둘, 셋, 다섯의 모습으로 나누어 보여줍니다.

영혼의 모습 기초는 성경에서는 한 사람을 등장시켜
가인처럼 죽은 영혼, 아벨처럼 산 영혼으로 **보여줍니다.**

한 사람을 사용하여 산 영혼과 죽은 영혼을 보여 **주기도 합니다.**
그 대표적인 사람은 아브라함과 야곱입니다.

아브람이 아브라함이 되고 야곱이 이스라엘이 **되는 모습을**
아브람과　　　야곱은 옛사람으로,
아브라함과 이스라엘은 새사람으로 **분류하는데**

아브람과　　　야곱은 죽은 영혼의 모습을
아브라함과 이스라엘은 산 영혼의 모습을 **보여주는 것입니다.**

✅ **첫째.** 두 종류 영혼의 모습

아벨. 야곱	나	산　영혼	천　국
가인, 에서	나	**죽은 영혼**	지　옥

성경에 **기본적으로 보여주는** 영혼의 모습은
두 사람을 **등장시켜 보여주는 것입니다.**
하나는 산　　영혼으로 아벨을 등장시켜 **보여줍니다.**
하나는 죽은 영혼으로 가인을 등장시켜 **보여줍니다.**

두 사람을 등장시켜 **보여주는 것은** 영혼의 모습을
가장 쉽게 이해할 수 있도록 보여줄 수 있기 때문입니다.

☑️ **둘째.** 세 종류 영혼의 모습

나, 영혼		
산 영혼	**병든 영혼**	**죽은 영혼**
창세기 6장 9절 노아는 의인이요 당대에 완전한 자라 그는 하나님과 동행하였으며	창세기 6장 11절 그 때에 온 땅이 하나님 앞에 부패하여 포악함이 땅에 가득한지라	에베소서 2장 1절 그는 허물과 죄로 죽었던 너희

성경에서 **보여주는** 두 번째 영혼의 모습은

세 사람을 등장시켜 보여주는

산 영혼, 병든 영혼. **죽은 영혼의** 세 종류 영혼의 모습**입니다.**

첫째. 산 영혼으로　노아를　등장시켜 보여줍니다.

하나님을 믿고,　하나님 말씀대로 사는 사람 **입니다.**

둘째. 병든 영혼으로　하나님의 아들들을 **등장시켜 보여줍니다.**

하나님은 믿지만　하나님 말씀대로

순종하지 않는 사람 입니다.

셋째. 죽은 영혼으로 에베소 교인들을　등장시켜 보여줍니다.

예수님 믿기 전의 영생이 없는 마귀의 자녀들 **입니다.**

하나님께서 산 영혼을 창조하여 **아담 육체 안에 넣어두셨지만**

아담이 **범죄 한 후** 에덴동산에서 추방된 후

아담과 그 후손들은 하나님의 법정에서 법적으로 죽은 자가 **됩니다.**

죽은 영혼이 산 영혼으로 **태어나도**

영혼의 **상태는** 병이 들어 있기 때문에

영혼 안에 있는 생명, 영, 마음의 상태에 **따라서**

영혼의 **여러 가지** 모습이 나타나게 됩니다.

영혼의 **여러 가지** 모습을 육신의 눈으로 볼 수 없기 때문에

사람을 등장시켜 보여주려면 여러 종류의 사람들이 필요합니다.

☑ **셋째. 다섯 종류 영혼의 모습**

1	2	3	4	5
산 영혼에서 산 영혼	죽은 영혼에서 산 영혼	병든 영혼에서 산 영혼	청함 받았으나 죽은 영혼	청함받지 못한 죽은 영혼
노 아	**아 브 람**	**나 오 미**	**유 대 인**	**암몬, 모압**
창세기 6장	창세기 12장	룻기 1장	마태복음 23장	신명기 23장

성경에서 **보여주는 세 번째** 영혼의 모습은

다섯 종류의 영혼의 모습 **입니다**

1. 노아는 산 영혼에서 **출발하여**

   하나님께서 주시는 영혼이 생명의 양식인 말씀을 먹고 **순종합니다.**

2. 아브람은 죽은 영혼에서 **출발하여**

   하나님을 믿고 영혼이 생명의 양식인 말씀을 먹으면서

   순종하면서 영혼구원 완성을 **이루어 갑니다.**

3. 나오미는 산 영혼에서 **출발하지만 세상으로 나가 병이 들지만**
   하나님 말씀을 **다시 먹고 마음을 새롭게 한 후 돌아와**
   하나님께서 주시는 생명의 양식인 말씀을 먹으면서 **살아갑니다.**

4. 예수님 당시 유대인들은 살 영혼으로 청함을 **받았지만**
   예수님을 **믿지 않고**
   성경을 문자와 **역사로 보고 지식으로 먹으므로**
   영혼이 말씀을 생명의 양식으로 **먹지 못해 저주를 받게 됩니다.**

5. 암몬과 모압 족속들은 죽은 영혼으로 **청함도 받지 못하고**
   기회도 주어지지 않고 저주를 받아 지옥으로 **갑니다.**

육신의 눈으로 **보면 역사 속에서**
노아, 아브람, 나오미, 유대인, 암몬, 모압은 진짜 **입니다.**

육신의 눈만 **보이는 사람은**
성경에 **기록된 내용은 잘 알고 역사와 성경공부는 잘할 수 있지만**
그것을 영혼이 먹을 수 없기 때문에 맹인 입니다.

영의 눈으로 성경 속에 **등장하는 사람들을 보면서**
그들의 모습을 통해 **보여주는 영혼의 상태를 볼 수 있어야**
내 영혼의 상태를 알 수 있고
하나님 말씀을 영혼이 먹고 **순종할 때**
하나님 말씀이 **지금 나**에게 주는 살아있는 말씀이 **됩니다.**

☑️ 유다서 1장 11절 읽어 봅시다

> 유다서 1장 11절
> **화 있을진저 이 사람들이여,**
> 가인의 **길에 행하였으며 삯을 위하여**
> 발람의 **어그러진 길로 몰려갔으며**
> 고라의 **패역을 따라 멸망을 받았도다**

역사 속에 등장했던 가인, 발람, 고라를
영의 눈으로 **보고 어떤** 영혼의 모습인가 **분류하여**
다섯 종류 영혼의 모습을 **도표에 담아봅니다.**

1	2	3	4	5
산 영혼에서 산 영혼	죽은 영혼에서 산 영혼	병든 영혼에서 산 영혼	청함 받았으나 죽은 영혼	청함받지 못한 죽은 영혼
			가인, 고라	발 람

아담의 아들 가인은 **청함을 받고**
아버지의 가르침을 받아 하나님을 믿고, **제사도 드렸지만**
시험에 들어 하나님께서 주시는 말씀을 **먹지 않고**
하나님 말씀에 **순종하지 않고** 동생을 **죽입니다.**

가인은 **청함을 받았으나** 하나님께서 **주신 기회를 놓치고**
죽은 영혼으로 **삶을 마감합니다.**

☑️ 창세기 4장

  7 네가 선을 행하면 어찌 낯을 들지 못하겠느냐

    선을 행하지 아니하면 죄가 문에 엎드려 있느니라

    죄가 너를 원하나 너는 죄를 다스릴지니라

  8 가인이 그의 아우 아벨에게 말하고

    그들이 들에 있을 때에 가인이 그의 아우 아벨을 쳐죽이니라

고라는 **청함을 받고**

    하나님의 **귀한 성막 일을 하는 귀한 직분의 사명을 받았지만**

    시험에 들어 하나님의 권위에 **도전하다 저주를 받았습니다.**

    고라는 **청함을 받았으나** 하나님께서 **주신 기회를 놓치고**

        죽은 영혼으로 **삶을 마감합니다.**

발람은 **청함을 받지 못했지만**

    하나님께서 **주신 기회를 잘 사용하지 못하고**

    욕심에 **눈이 멀어** 하나님의 원수가 되어 **죽임을 당합니다.**

    발람은 죽은 영혼으로 **있다가** 죽은 영혼으로

        삶을 마감하게 됩니다.

성경을 해석하고 성경을 읽으면서

    대부분 가인, 발람, 고라는 **죽었구나!**

      가인, 발람, 고라는 영혼구원 **받지 못했다고 말합니다.**

    이렇게 결론을 맺으면 가인, 발람, 고라의 이야기가 되어

      성경은 죽은 말씀이 **됩니다.**

영혼구원 일 차원해석에서 배웠듯이
육신의 눈으로 보면 가인, 발람, 고라가 보이지만
  영의 눈으로 보면 가인, 발람, 고라가 아닌 내가 보여야 합니다.

한국에 사는 교인들은 이방인들로 처음부터 죽은 영혼이었지만
하나님께서 기회를 주셔서 청함을 받은 사람들이 되었습니다.

이렇게 청함을 받은 내가
하나님께서 주신 기회를 놓치고 죽은 영혼으로 삶을 마감하게 되는
내 모습을 가인,발람, 고라를 사용하여 보여주는 것입니다.

성경해석에 있어서 가인, 발람, 고라는 죽고
영혼구원 받지 못하고 지옥 갔다는 말로 끝을 맺으면 안 됩니다.

성경은 가인, 발람, 고라와 같은 죽을 영혼을 살려주는 책입니다.
그러므로 가인, 발람, 고라의 죽은 영혼의 상태를
                  진단하여 살려내는 방법을 찾아내는 것이 성경해석입니다.

☑ 가인, 고라, 발람의 죽은 영혼을 살리는 방법

청함 받았으나　　죽은 영혼	가인, 고라	살리는 방법은?
청함 받지 못하고 죽은 영혼	발　　람	

 요한1서 1장 9절 읽어 봅시다

요한1서 1장 9절
만일 우리가 우리 **죄를 자백하면 그는 미쁘시고 의로우사**
우리 **죄를** 사하시며
우리를   모든 불의에서 깨끗하게 하실 것이요

가인과 고라 같은 사람은 청함을 받고 교회를 **다니고 있기 때문에**
자신들의 **잘못을 회개하고 죄를 고한 후**
하나님의 말씀을 영혼이 먹고 순종하면 산 영혼이 **됩니다.**

✅ 사도행전 16장 30~31절 읽어 봅시다

사도행전 16장 30~31절
선생들이여 내가 어떻게 하여야 구원을 받으리이까
이르되 주 예수를 믿으라
그리하면 너와 네 집이 구원을 받으리라 하고

로마서 10장 9절
네 입으로 예수를 주로 시인하며
또 하나님께서 그를 죽은 자 가운데서 살리신 것을
네 마음에 믿으면 구원을 받으리라

발람과 같은 사람은 청함 받은 자는 **아니라도**
예수님께서 세상 모든 사람들에게 **기회를 주었기 때문에**

☑️ **요한복음 3장**

16 하나님이 세상을 이처럼 사랑하사 독생자를 주셨으니

　　이는 **그를 믿는 자마다** 멸망하지 않고 **영생을 얻게 하려 하심이라**

예수님을 영접하고 하나님의 말씀을 먹고, 순종하면

　　　　　　　　　　　　죽은 영혼이 산 영혼이 **됩니다.**

성경 본문을 **죽음으로 결론을 내리면** 성경은 심판의 책이 **됩니다.**

성경은 **세상에서 가장 악한자의 죽은 영혼일지라도**

　　　　　　　　그 죽은 영혼을 **살리는 생명의 책입니다.**

　　왜냐하면 하나님은 **능치 못하시는 일이 없으시기 때문입니다.**

☑️ 영혼구원 이 차원해석 도표

1 차원 (길이) 사람 (나)			2 차원 (높이) 영　혼			
누　가	사 람 사 물 과 거	나 현 재	나 (영혼)			
언　제			살　영혼		죽을 영혼	
어디서			노아, 가인		룻, 바로	
무엇을			산 영혼	죽은 영혼	산 영혼	죽은 영혼
어떻게						
왜			노아	가인	룻	바로

노아와 가인은 똑같이 살 영혼의 위치에서 **출발하지만**
노아는 산 영혼으로   가인은 죽은 영혼으로 **마감합니다.**

롯과   **바로왕**은   죽을 영혼의 위치에서 **출발하지만**
롯은 산 영혼으로   바로는 죽은 영혼으로 **마감됩니다.**

육신의 눈으로 보면 육체를 가진 **사람과 사물이 보입니다.**
영혼구원 **이 차원해석은**
                    육체가 없는 영혼의 위치에서 성경을 **보는 것입니다.**

영혼구원 **이 차원해석은**
죽은 영혼은 살리고
병든 영혼은 새롭게 고치고
산   영혼이 생명의 양식을 먹을 수 있도록 **해석해 줍니다.**

육신의 눈으로 보이는 역사 속에 살았던 **사람들을**
 영의 눈으로 보고 **그들의 영혼의 상태를 구분할 수 있으면**
                        영혼구원 **이 차원해석을 쉽게 할 수 있습니다.**

제 17 강
영혼구원 삼 차원해석

마태복음 22장 37절

하나님께서는 하나님 안에 **삼위가 있어**

　　　　선지자, 제사장, 왕의 삼직의 사역을 **행하십니다.**

　　　　선지자, 제사장, 왕의 삼직의 사역의 근원은

　　　　하나님의 본질입니다.

　　　　하나님의 본질은 **생명과** 영과 마음입니다.

하나님께서는 하나님의 본질의 모양과 **형상을 따라**

　　　　　　　　　사람을 **창조하셨습니다.**

 마태복음 22장 37절을 읽어 봅시다

> ### 마태복음 22장 37절
> **예수께서 이르시되 네 마음을 다하고**
> 　　　　목숨을 다하고 뜻을 다하여
> **주 너의** 하나님을 사랑하라 **하셨으니**

육신의 눈으로 **보면**

사람이 **마음, 목숨, 뜻**을 다해 하나님을 사랑하라는 말씀**입니다.**

이를 세분화하면

사람 안에 세 가지 기능

곧 마음의 기능, 목숨의 기능, 뜻을 행하는 기능이

있는 것을 알 수 있습니다.

이 시간 배울 17강은 영혼구원 삼 차원해석 입니다.

제 17 강
영혼구원 삼 차원해석

마태복음 22장 37절

영혼구원 **이 차원해석은**
영혼의 외면의 위치에 서서 성경을 보고 **해석하는 것이고**

영혼구원 **삼 차원해석은**
영혼의 내면의 위치에 서서 성경을 보고 **해석하는 것으로**
영혼의 내면의 구조인 생명, 영, 마음의 위치에 서서

성경을 보고 **해석하는 것입니다.**

영혼구원 **삼 차원해석은 넓이로 보는 것을 말하는데**
영혼의 구조를 넓게 펴서 보는 **것을 말합니다.**

☑ 영혼구원 삼 차원해석 도표

1 차원 (길이) 사람 (나)			2 차원 (높이) 영 혼			3 차원 (넓이) 영혼의 구조
누 가	사 람 사 물 과 거	나 현 재	나 (영혼) 나 (영혼)			생 명 영 마 음 (육 체)
언 제						
어디서			살 영혼 살 영혼		죽을 영혼 죽을 영혼	
무엇을						
어떻게			산 영혼	죽은 영혼	산 영혼	죽은 영혼
왜						

영혼구원 삼차원 해석을 하려면

        영혼의 구조가   어떻게 생겼는가?   알아야 하고

   영혼 안에 있는 구조가 하는 일이 무엇인가? 를 알아야 합니다.

    성경은 영혼의 **창조와** 영혼의 **모습과**

       영혼의 기능들에 **대해서** 가르쳐주고 있습니다.

   그러나 한국교회는 영혼을 단어로만 **붙잡고**

      영혼이 **천국 간다, 지옥 간다는 간단한 결론만** 내리고

         더 이상 영혼에 대한 연구를 하려고 하지 않습니다.

성경은 **분명하게** 사람의 영혼을

    하나님께서 **만드셨다고** 밝히고 있기 때문에

    조금만 연구하면 영혼의 모습과 기능들을 **짐작할 수 있습니다.**

☑️ 스가랴 12장 1절을 읽어 봅시다

> 스가랴 12장 1절
> 여호와 **곧 하늘을 펴시며 땅의 터를 세우시며**
> 사람 안에 심령을 지으신 **이가 이르시되**
>
> 예레미야 38장 16절
> 우리에게 이 영혼을 지으신
> 여호와께서 **살아 계심을 두고 맹세하노니**

성경에 육체 창조에 있어서는 땅의 흙으로 지으셨다고
밝히고 있기 때문에 의심하지 않고 받아들이고 있습니다.

☑️ 창세기 2장
7 여호와 하나님이 땅의 흙으로 사람을 지으시고
생기를 그 코에 불어넣으시니 사람이 생령이 되니라

하나님께서 육체를 창조하신 것을 알고 궁금해 하지 않지만
하나님께서 영혼을 창조하신 것을 알지만 궁금해 합니다.

이유는? 육체 창조에 대해서는 성경 여러 곳에 기록되어 있지만
영혼을 창조했다는 기록은 찾기 어렵기 때문입니다.

☑️ 영혼의 구조와 모양

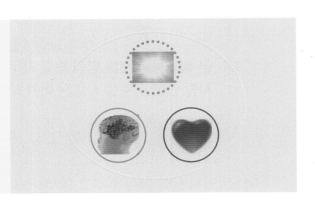

영혼의
구조와모양

☑️ 영혼의 모양과 구조는 어떻게 생겼을까요?

요한일서 5장 11절
하나님이 **우리에게**
영생을 주신 것과

시편 51편 10절
하나님이여
내 속에 **정한 마음을 창조하시고**
내 안에 **정직한 영을 새롭게 하소서**

☑️ 에스겔 36장

26 또 새 영을 너희 속에 두고 새 마음을 너희에게 주되
너희 육신에서 굳은 마음을 제거하고 부드러운 마음을 줄 것이며

☑️ 고린도전서 14장

15 내가 영으로 **기도하고** 또 마음으로 **기도하며**
내가 영으로 **찬송하고** 또 마음으로 **찬송하리라**

영혼의 구조에 **대해서**

　　다윗, 이사야, 에스겔, 바울을 **사용하여 가르쳐 줍니다.**

영혼의 모양과 구조는 생명, 영, 마음, 세 구조로 **되어 있습니다.**

영혼 안에 있는 생명, 영, 마음은 육신의 눈으로 **볼 수 없는**

　　　　영의 세계에 **속한 것으로 사람이 죽은 후에도**

　　　　영혼은 영원히 죽지 않고 **존재합니다.**

마태복음 22장 37절에서 **말하는**

마음을 다하고, 목숨을 다하고, 뜻을 다하라는 말씀은

육체의 위치에서 **보면**

　　육체와 영혼이 하나 되어 사랑을 다하라는 **말씀입니다.**

영혼의 위치에서 **보면**

　　영혼 안에 있는 생명, 영, 마음을 다하라는 **말씀입니다.**

☑ 영혼 안에 있는 생명, 영, 마음의 기능

생 명	영	마 음	육 체
생명과 죽음 육체의 활동주관	선과 악의 생각을 주관	선과 악의 지혜를 저장	순종의 열매 맺음
요한1서 5장 11-12절	로마서 8장 5~6절	로마서 7장 21, 23절	갈라디아서 5장 19~23절

1. 영혼 안의 있는 생명의 기능

> 요한1서 5장 11-12절
> 하나님이 **우리에게** 영생을 주신 것과
> **이 생명이 그의 아들 안에 있는 그것이니라**
> 아들이 **있는 자에게는** 생명이 **있고**
> 하나님의 아들이 **없는 자에게는** 생명이 **없느니라**

세상은 육체에 생명이 **있어**
　　　　생명이 육체의 **모든 것을 주관한다고 믿어 왔습니다.**
구약은 육체의 피에 생명이 **있다고 말합니다.**

 창세기 9장

5 내가 반드시 **너희의 피 곧 너희의 생명의 피를** 찾으리니
　짐승이면 그 짐승에게서,
　사람이나 사람의 형제면 그에게서 그의 생명을 찾으리라

20세기 이전에는 사람의 생명이 육체의 피 에 **있다고 주장했지만**
21세기 들어서
　　　피에는 생명이 없고 **에너지만 있다는 것을 밝히고 있습니다.**

　　　영혼과 육체를 **살게 하는 생명은 영혼 안에 있는 생명입니다.**
　　　영혼이 육체를 **떠나가면 육체는 죽고**
　　　영혼이 육체로 **돌아오면 육체가 살아나는 것은**
　　　　　육체의 생명이 영혼에 **있음을 증명합니다.**

☑ 열왕기상 17장

22 여호와께서 엘리야의 소리를 들으시므로
   그 아이의 **혼이 몸으로 돌아오고 살아난지라**

☑ 사도행전 5장

10 그가 베드로의 발 앞에 엎드러져 **혼이 떠나는지라** 젊은 사람들이
   들어와 **죽은 것을** 보고 메어다가 그의 남편 곁에 장사하니

전기가 기계를 움직이게 하는 것처럼

영혼 안에 있는 생명은 **전기와 같이**
                육체와 영혼의 모든 활동을 **움직이게 하는 힘입니다.**

영혼 안에 있는 생명은 영원히 **소멸되지 않기 때문에**

영혼이 육체와 **분리된 이후에서**
                영혼 안에 생명이 **존재하고 있기 때문에**
                영혼은 영원히 **죽지 않습니다.**

☑ 2. 영혼 안에 있는 영의 기능

로마서 8장 5-6절
육신을 **따르는 자는** 육신의 일을
영을 **따르는 자는**   영의 일을 **생각하나니**
      육신의 생각은 사망이요
      영의 생각은 생명과 평안이니라

사람이 **활동함에 있어서**

　　가장 많은 에너지를 소비하는 기능은 생각 **입니다.**

　　세상은 이 생각을 정신이라 말하고

　　　이 기능이 머리에 있다고 **말합니다.**

　　생각이 육체의 머리에 **있다면**

　　영혼이 육체에서 **분리된 후에도** 육체가 생각을 **해야 합니다.**

　　영혼이 육체에서 **분리되면**　　육체는 생각할 수 **없습니다.**

　　영혼은 육체에서 **분리된 후에도** 생각도 하고 말도 **합니다.**

☑ **누가복음 16장 22, 28절을 읽어 봅시다**

누가복음 16장 22, 28절

그 거지가 죽어 천사들에게 받들려

아브라함의 품에 들어가고 부자도 죽어 장사되매

내 형제 다섯이 있으니 그들에게 증언하게 하여

그들로 이 고통 받는 곳에 오지 않게 하소서

누가복음 16장 22절 **이하를 보면**

　　부자가 죽은 후 지옥에 들어가 아브라함과 **대화도 하고**

　　　　생각하면서 **말하는 모습을 볼 수 있습니다.**

생각의 기능이 육체의 머리에 없기 때문에

　　사람이 죽은 후에는 생각도 **할 수 없고** 말도 **할 수 없습니다.**

생각의 기능은 **육체에 있지 않고** 영혼 안에 **있습니다.**

영혼 안에 있는 영이 영혼 안에 있어서 생각을 담당 **합니다.**
바울은 이 영이 **기도하고 찬송하고 생각을** 한다고 **말합니다.**

영이 하나님의 말씀인 선의 일을 생각하여
육체로 **순종하게 하면** 생명과 평안의 복을 **받지만**
영이 마귀의 말인   악의 일을 생각하여
육체로 **순종하게 하면** 저주와 사망이 **있습니다.**

☑ 로마서 2장 9-10절을 읽어 봅시다

로마서 2장 9-10절
악을 행하는 **각 사람의 영에는**
환난과 곤고가 **있으리니**
선을 행하는 **각 사람에게는**
영광과 존귀와 평강이 **있으리니**

영은 영혼의 주인이며, 육체의 주인 **입니다.**

영이 주인으로 **모든 것을** 판단하고, 결정하고,
육체에 명령하여 **순종하게 하므로**
마지막 심판 때 이 영이 심판을 **받게 됩니다.**

☑️ 영혼 안에 있는 마음의 기능

> 로마서 7장 21, 23절
> 내가 **한 법을 깨달았노니 곧 선을 행하기 원하는**
> 나에게 악이 함께 있는 것이로다
> 내 지체 속에서 **한 다른 법이** 내 마음의 법과 싸워
> 내 지체 속에 있는   죄의 법으로
> 나를 **사로잡는 것을 보는도다**

무슨 일을 할 때 마음먹기에 달렸다는 말을 합니다.
이는 사람의 행동하는 지혜들이
마음 안에 저장되어 있기 때문입니다.

세상은 모든 지식이 **머리에 있는 뇌에 저장된다고** 말하고
모든 종교는 사후 세계를 인정하여
사람은 죽은 후에 육체로 **살 때의**
행한 행동들이 심판을 받는 기준이 된다고 가르칩니다.

☑️ 요한계시록 20장

13 바다가 그 가운데에서 죽은 자들을 내주고
또 사망과 음부도 그 가운데에서 죽은 자들을 내주매
각 사람이 자기의 행위대로 심판을 받고

사람이 살면서 **행한 모든 기록들이** 생명책 말고
또 저장되어 있는 곳이 있는데 영혼 안에 있는 마음 **입니다.**

마음 안에는 **기본적인 두 가지 지혜들이** **저장되어 있습니다.**

하나는 하나님께서 주신 지혜로 선이라 **말하고**

하나는 마귀가 　　준 지혜로 악이라 **말합니다.**

☑ 마태복음 12장 34-35절을 읽어 봅시다

마태복음 12장 34〜35절
독사의 자식들아 너희는 악하니 **어떻게 선한 말을**
할수 있느냐 이는 마음에 가득한 것을 **입으로 말함이라**
선한 사람은 **그 쌓은** 선에서 선한 것을 내고
악한 사람은 **그 쌓은** 악에서 악한 것을 내느니라

마음에 **저장되어 있는** 선이 영에게 **제공되면**

영은 영의 생각을 하여 하나님의 뜻에 **순종합니다.**

반대로 마음에 있는 악이 영에게 **제공되면**

영은 육신의 생각을 하여 마귀의 뜻에 **순종합니다.**

마음의 기능은 ?

하나님의 선의 지혜와 마귀의 악의 지혜를 마음에 **저장하여**

영에게 **제공하고** 영으로 생각하고 **판단하도록 도와줍니다.**

또 육체가 영이 명령하여 **행한** 선한 행동과

영이 명령하여 **행한** 악한 행동을 **저장합니다.**

☑ 영혼 밖의 육체의 기능

갈라디아서 5장 19~23절
육체의 일은 분명하니 곧 음행과 더러운 것과 호색과
우상 숭배와 주술과 원수 맺는 것과 분쟁과 시기와 분냄과
당 짓는 것과 분열함과 이단과 투기와 술 취함과 방탕함
성령의 열매는 사랑과 희락과 화평과 오래 참음과
자비와 양선과 충성과 온유와 절제

육체의 행동을 성경은 순종과 불순종으로 나누고
행동의 결과를 열매를 비유로 들어 설명해주기도 합니다.

육체는 오직 자신의 영혼의 명령에 의해서만 행동합니다.
그 증거는   영혼이 육체에서 떠나는 순간부터
육체는 움직이지 못합니다.

영혼 안에 있는 영이
마음에서 제공해주는 하나님의 말씀인 선을 행하겠다고
선택하는 것을 영의 생각이라고 말합니다.

육신의 눈을 보면   하나님께서 명령하면
육체가 바로 순종하는 것처럼 보이지만
육체는 주인인 영의 명령에만 순종할 뿐입니다.

목에 칼이 들어와도 영이 하지 않겠다고 생각하면
육체는 절대 행동하지 않습니다.

오직 영이 하나님의 선을 **선택하여** 육체에게 **명령할 때**

육체는 영의 명령대로 순종합니다.

육체가 영의 명령을 받아

선을 **행하여** 맺게 되는 열매를 성령의 열매라고 **말합니다.**

영혼 안에 있는 영이

마음에서 **제공해주는** 마귀의 말인 악을 **행하겠다고**

선택하는 것을 육신의 생각이라고 **말합니다.**

육체가 영의 명령을 받아

악을 **행하여** 맺게 되는 열매를 육체의 열매라고 **말합니다.**

영혼구원 **삼차원 해석 넓이**는 영혼의 모습을 **넓게 펼쳐서**

영혼의 구조인 생명, 영, 마음, 그리고 육체의 위치에 **서서**

성경을 보고 해석하는 것입니다.

영적해석을 영해라 말합니다.

정통에서 **말하는** 영해란 성경을 성경으로 **해석하는** 것을 말합니다.

이단들이 **말하는** 영해란 성경은 비유이기 **때문에**

영해를 해야 한다고 **말합니다.**

정통이나 이단들이 **사용하는** 영해라는 단어는 **맞지만**

두 주장의 영적해석 방법은 잘못된 **것입니다.**

왜냐하면? **모든 질문과 문제의** 답은 성경에 있지만
영적해석은 영혼이 **먹을 수 있도록 만드는** 생명의 양식이기 **때문에**

아담, 노아, 다윗, 등의   사람을 **역사 그대로 전해주거나**
에덴동산, 방주, 성막의 사물을 **역사 그대로 전해주거나**
영혼이 아닌 육신의 눈이 보이는 **그대로를**
성경에서 **찾아 전해주는 것은** 육적해석이지 영적해석이 **아닙니다.**

영적해석은 영의 세계의 위치에 서서 영의 세계의 실체를 **가지고**
성경을 해석하는 **것이기 때문에**
설교의 용어는 아담, 에덴동산의 육적용어가 **아닌**
나 , 천국의 영적용어가 **되어야 합니다.**

이단들의 영해를 **해야 한다는 말은 맞지만**
이단들이 **해석한** 영해는
모두 육신의 눈에 보이는 육적인 사람, 사물이고
성경에 없는 답을 제시하기 때문에 가짜 **입니다.**

영적해석 이차원, 삼차원에서 육의 사람은 **등장하지 않습니다.**
영적해석 일 **차원해석은** 주인공, 아담, 모세, 다윗을 나로 **바꿉니다.**
이 **차원해석은** 주인공을 나로 바꾼 후
나를 영혼으로 **바꿉니다.**
(사람의 모습에 따라 산 영혼, 병든 영혼, 죽은 영혼으로 **바뀝니다**)
삼 **차원해석은** 영혼을 영혼의 구조로 **바꿉니다.**
(사람의 모습에 따라 생명, 영, 마음, 육체의 열매로 **바뀝니다**)

요한복음 4장 영혼구원 삼 차원해석

☑️ 요한복음 4장 42절 읽어 봅시다

> **요한복음 4장 42절**
> **그 여자에게 말하되 이제** 우리가 믿는 것은
> 네 말로 인함이 아니니 **이는 우리가 친히 듣고**
> **그가 참으로 세상의 구주신 줄 앎이라 하였더라**

요한복음 4장 1–42절을
육신의 눈으로 **보면**

    예수님께서 **유대를 떠나 갈릴리로 가시다가**

    우물곁에 앉아 있었고 물을 길으려 나온 사마리아 여자가

    예수님 말씀을 듣고 예수님을 믿는 **내용이 나옵니다.**

요한복음 4장 1–42절 2000년 전 실제 일어났던 내용입니다.

          우리가 들을 때는 이야기와 역사가 **됩니다.**

영혼구원 해석으로 보면

    하나님께서 요한복음 4장에서

    수가 성 여인이 아닌 지금 나에게 말씀하고 있고

    내가 예수님을 믿으면 구원을 받는다는 것**입니다.**

이를 영혼구원 삼차원 해석 도표를 만들어 보면
내 죽은 영혼이 산 영혼이 **되어 가는 과정을 자세히 볼 수 있습니다.**

☑️ 요한복음 4장 1~42절 영혼구원 삼 차원해석 도표

1 차원 (길이) 사람 (나)			2 차원 (높이) 영 혼		3 차원 (넓이) 영혼의 구조
누 가	여 인	나	나 (영혼) 죽을 영혼		생 명 죽음에서 산 생명 영
언 제	이천년전	현 재			
어디서	사마리아	여기서	믿으면	**믿지** **않으면**	육신에서 영의 생각 마 음
무엇을	말씀들음	말씀들음			악을 버리고 믿음
어떻게	눈과귀로	눈과귀로	산 영혼	**죽은** **영혼**	(육 체)
왜	영혼구원	영혼구원			전도의 성령의 열매

영혼구원 **일 차원해석**

사마리아 여인을 나로 **바꾸어주면**

예수님께서 **지금** 나에게 **말씀하시고**

지금 내가 예수님 말씀을 믿으면 구원받게 **됩니다.**

영혼구원 **이 차원해석**

사마리아 여인을 나로, 나를 영혼으로 **바꾸어주면**

내 죽을 영혼이 예수님 말씀을 믿으면 산 영혼이 **됩니다.**

영혼구원 **삼 차원해석**

사마리아 여인을 나로, 나를 영혼으로

영혼을 영혼의 구조인 생명, 영, 마음, 육체의 열매로 **분해해보면**

생명은 죽은 생명, 영은 **육신의 생각**, 마음은 마귀의 악,
육체는 **남편을 다섯이나 둔** 정욕의 육체의 열매가 맺혀 **있습니다.**

    사마리아 여인은 **처음부터** 죽을 영혼이었고
    그대로 두면 마귀의 자녀로 마귀의 말에 **순종하며**
    육체의 열매를 맺고 **살다** 죽은 영혼으로 지옥으로 **들어갑니다.**

    이렇게 세상에 살다 죽은 후 지옥으로 갈 수밖에 없는
    사마리아 여인에게 예수님께서 구원받을 기회를 **주셨고**
    사마리아 여인은 **자신에게 주어진 기회를**
    잘 사용하여 예수님을 믿고 영혼구원 받게 **됩니다.**

    사마리아 여인처럼 처음부터 죽은 영혼을 가지고 태어나
    이렇게 세상에 살다 죽은 후 지옥으로 갈 수밖에 없는
    나에게 예수님께서 구원받을 기회를 **주십니다.**

    내가 예수님 믿고 **구원받게 되는 모습을** 삼차원으로 보면

1. 생명은 죽은 생명에서   산 생명으로
2.   영은 육신의 생각을 **버리고** 영의 생각을 가지고
3. 마음은 마귀의   악을 **씻어내고** 하나님의 선으로 채우고
4. 육체는 정욕의 열매가 아닌   믿음, 순결, 전도의
                                 성령의 열매를 맺었습니다.

우리는 **이방인으로 처음부터** 죽을 영혼이었지만
예수님을 영접하여 하나님의 자녀가 **되었고**
하나님의 말씀에 순종하여
성령의 열매를 **맺고 살다** 산 영혼으로 **천국으로 들어갑니다.**

육신의 눈으로 보면
　　2000년 전 수가 성 여인의 이야기지만
　영의 눈으로 보면
　　오늘 예수님 믿고 영혼 구원받은 **내 이야기로**

영혼구원 **삼차원의 눈으로 보면**
　　사마리아 여인 같은
　　내 죽은 영혼의 상태와 산 영혼이 **되어 가는**
　　영혼구원의 과정을 **좀 더 자세하게 볼 수 있습니다.**

성경을 보는 눈과 **성경을 해석하는 방법에 따라**
　　역사, 사람, 이야기가 되어 죽은 말씀이 **되기도 하고**
　　지금 나에게 주시는 하나님의 살아있는 말씀이 **되기도 합니다.**

제 18 강
영혼구원 사 차원해석

창세기 6장 5절

대부분 육신의 눈에 **보이는** 대로 성경을 해석하기 때문에
육신의 눈에 **보이는** 사람, 역사, 육체의 행동만 **보게 됩니다.**

성경해석은 **성경의 저자이신** 성령하나님과 함께
영의 세계의 위치에서 **성경을 보고 해석할 줄 알아야 하며**
또 하나님께서 사람을 보는 눈을 가지고
성경과 사람을 볼 수 있어야 합니다.

 사무엘상 16장 7절 읽어 봅시다

사무엘상 16장 7절
여호와께서 사무엘에게 이르시되
그의 용모와 키를 보지 말라 내가 이미 그를 버렸노라
내가 보는 것은 사람과 같지 아니하니
사람은 외모를 보거니와
나 여호와는 중심을 보느니라 하시더라

하나님께서는 사람의 외형을 **보지 않으시고**

속사람 영혼의 모습과 활동을 **보십니다.**

영혼의 모습과 활동은 영혼구원 **삼** 차원해석에서처럼

영혼 안에 있는 영과 마음의 깊이를 **보시는 것입니다.**

이 시간 배울 18강은 영혼구원 **사** 차원해석 입니다.

제 18 강
영혼구원 사 차원해석

창세기 6장 5절

영혼구원 **사** 차원해석은 깊이로

영의 생각의 깊이, 마음속의 깊이, 육체의 열매의 위치에 **서서**

성경을 보고 해석하는 **것입니다.**

☑ 창세기 6장 5절 읽어 봅시다

> **창세기 6장 5절**
> **여호와께서 사람의 죄악이 세상에 가득함과**
> 그의 마음으로 생각하는 모든 계획이
> 항상 악할 뿐임을 보시고

사람들은 항상 생각하면서 **살고 있지만**

자신의 생각이나 마음을 **살펴보려고 하지 않습니다.**

그 이유 중 하나는 생각하는 영의 구조와 기능

그리고 마음의 구조와 기능을 **모르기 때문입니다.**

옛 사람을 벗어버리고, 새사람을 입는 것이 하나님의 뜻 **입니다.**

 에베소서 4장 22-24절 읽어 봅시다

> 에베소서 4장 22-24절
> **너희는 유혹의 욕심을 따라 썩어져 가는**
> **구습을 따르는 옛 사람을 벗어 버리고**
> **오직 너희의** 심령이 새롭게 되어
> 하나님을 따라 의와 진리의 거룩함으로
> **지으심을 받은** 새 사람을 입으라

하나님의 뜻을 알고, **순종하기 위해서는 반드시**

영의 생각과 마음을 깊이로 **볼 수 있어야 합니다.**

영혼구원 **사차원 해석은** 영, 마음의 깊이와 육체의 행위인

1. 영의 생각의 깊이로 영의 생각 5단계를

2. 마음속에 있는 하나님의 선한 지혜와

   마음속에 있는 **악한 지혜**

3. 육체의 행위의 **비유로 말하는**

   성령의 열매와 육체의 열매를 **알아야 합니다.**

4 차원 (깊이)　　　속　성			
구　조	**구　분**	**속　성**	
영	영의　생각	생 각 5단계	상황, 수집, 원함, 계획, 명령
	육신의 생각		
마　음	선	지혜, 지식, 진리, 공의, 자비	
	악	**거짓, 욕심, 살인, 교만, 원망**	
육　체	성령의 열매	사랑, 희락. 충성, 인자, 겸손	
	육체의 열매	**시기, 분쟁, 사기, 악독, 방탕**	

하나님께서 **사람을 창조하실 때**

　　　하나님 안에 있는 속성을 우리에게 주셨는데

　　　신학에서는 이를 공 유적 속성이라 말하는데

　　　지혜, 지식, 사랑, 권능, 거룩, 선, 등이 있다고 말합니다.

　　　이런 속성들은 사람 마음 안에 있는 것들 입니다.

성경은 영혼의 구조에서

　　　생명의 부분에서는 살다, 죽다 로 **정의를 하고 있지만**

　　　영, 마음, 육체의 부분에 있어서는

　　　두 종류로 나누어 세부적으로 가르쳐 주고 있습니다.

성경에서 가르쳐주는

　　　하나님 마음에 있는 속성들로는 약　40가지 **이상이 있으며**

　　　육체에 맞혀지는 열매들로는 약　100가지 **이상이 있습니다.**

사람 마음먹기에 달렸다는 말이 있습니다. 이는

    1. 영이   어떤 생각을 하느냐?

    2. 마음 안에 어떤 지혜가 있느냐? 에 따라서

    3. 육체가 행동하기 때문에 나온 말입니다.

육체가 행동하는 모든 지혜가 마음에 있기 때문에

성경은 마음을 중요하게 다루고 있습니다.

 마태복음 12장 35절 읽어 봅시다

마태복음 12장 35절

선한 사람은 그 쌓은 선에서 선한 것을 내고

악한 사람은 그 쌓은 악에서 악한 것을 내느니라

마음이라는 단어만 성경에 1058구절 **나오고**

마음속에 **있는** 지혜, 지식, 사랑, 권능, 거룩, 선,

    단어들까지 합하면 셀 수 없이 많이 나옵니다.

마음보다 더 많이 언급되고 있는 것은 영의 기능인 생각 입니다.

 사무엘상 16장 7절 읽어 봅시다

사무엘상 16장 7절

여호와께서 사무엘에게 이르시되

그의 용모와 키를 보지 말라 내가 이미 그를 버렸노라

내가 보는 것은 사람과 같지 아니하니

사람은 외모를 보거니와

    나 여호와는 중심을 보느니라 하시더라

하나님께서 사람의 중심을 **보신다고 하셨는데**
중심은 영혼 안에 있는 영의 생각과 마음속에 **있는 것들입니다.**

성경 안에는 하나님께서 말씀하시는 답이 **모두 들어 있습니다.**
대부분 성경해석을 할 때 자신의 생각의 범위에서나
다른 사람들이 써놓은 책을 참조하는 것도 유익하지만
하나님께서 성경에 기록해둔 답을 **보면서**
              성경을 해석하는 것이 가장 바른 해석입니다.

영혼구원 사차원은 **설명보다 직접 해석해 보면 쉽습니다.**

 열왕기하 5장 20절 읽어 봅시다

> **열왕기하 5장 20절**
> **하나님의 사람 엘리사의 사환 게하시가** 스스로 이르되
> **내 주인이 이 아람 사람 나아만에게 면하여 주고 그가**
> **가지고 온 것을 그의 손에서 받지 아니하였도다**
> **여호와께서 살아 계심을 두고 맹세하노니**
> **내가 그를 쫓아가서 무엇이든지 그에게서 받으리라** 하고

육신의 눈으로 보면 **엘리사의 사환 게하시가** 스스로 생각하기를
          나아만을 속여 가져온 물건 중에서 얼마 정도 받아오려고 합니다.

☑ 게하시 사 차원해석

사 차원 (깊이) 속 성		
구 조	구 분	속 성
영	영 의 생각	
	육신의 생각	자신만 배부르고 부자 되겠다
마 음	선	
	악	거짓, 욕심, 살인, 교만, 원망
육 체		

열왕기하 5장 20절을 영혼구원 사 차원해석으로 보면

일 차원해석 에서는 게하시를 나로 바꾸어 줍니다.

이 차원해석 에서는 게하시를 나로, 나를 영혼으로 바꾸어 줍니다.
(게하시는 살 영혼에서 초청을 받지만
나는 죽을 영혼에서 초청받았습니다)

삼 차원해석 에서는 게하시는 육신의 생각과 마음의 악이 문제입니다.
(육신의 생각과 마음의 악은 사망 입니다)

사 차원해석 에서   게하시의 생각과 마음의 속을 보면
1. 영은 자신의 것이 아닌 것을 갖겠다는 생각으로
거짓말과 욕심을 채우려는 육신의 생각 입니다.

2. 육신의 생각은 마음에 있는 욕심, 거짓, 위선의
악의 지혜들이 **제공해준** 것입니다.

☑ **마태복음 12장**

34 독사의 자식들아 너희는 악하니 어떻게 선한 말을 할 수 있느냐
   이는 마음에 가득한 것을 입으로 말함이라
35 선한 사람은 그 쌓은 선에서 선한 것을 내고
   악한 사람은 그 쌓은 악에서 악한 것을 내느니라

영이 마음에서 **제공해 주는** 악의 지혜를 선택하여
육체에 명령을 **내리면** 육체는 육체의 열매를 맺게 **됩니다.**

☑ **마태복음 15장 19절을 따라 해 봅시다**

> **마태복음 15장 19절**
> 마음에서 나오는 것은 **악한 생각과 살인과**
> **간음과 음란과 도둑질과 거짓 증언과 비방이니**

열왕기하 5장 20절은
게하시의 욕심을 **가르쳐주기 위해** 기록하고 있는 것이 아닙니다.

내 영의 육신의 생각과 마음의 악의 모습을 볼 수 없기 때문에
역사 속에 살았던 게하시를 **사용하여** 보여주고 있는 것입니다.

☑️ 마태복음 15장 19절을 따라 해 봅시다

마태복음 15장 19절
마음에서 나오는 것은 악한 생각과 살인과
간음과 음란과 도둑질과 거짓 증언과 비방이니

야고보서 1장 14~15절
오직 각 사람이 시험을 받는 것은
자기 욕심에 끌려 미혹됨이니 욕심이 잉태한즉 죄를 낳고
죄가 장성한즉 사망을 낳느니라

게하시가 이런 악을 행하는 것은 게하시 마음 안에 있는
욕심, 거짓, 위선, 등의 악들을 멸하지 못하였기 때문에
상황을 만나자 마음속에 있는 이런 것들이 나와서
육체의 열매를 맺게 하는 것입니다.
게하시는 이런 욕심이 육체의 열매를 맺어
하나님의 진노로 영원히 나병이 드는 저주를 받았습니다.

게하시는 내 영혼의 모습이기 때문에
내가 욕심, 거짓, 위선의 육신의 생각을 가지고
욕심의 열매를 맺으면 저주를 받아 지옥에 가게 됩니다.

☑️ 누가복음 21장 2~3절 읽어 봅시다

누가복음 21장 2~3절
어떤 가난한 과부가 두 렙돈 넣는 것을 보시고
이르시되 내가 참으로 너희에게 말하노니
이 가난한 과부가 다른 모든 사람보다 많이 넣었도다

누가복음 21장 2-3절에서 가난한 과부는

자기가 가지고 있는 생활비 전부를 하나님께 **드렸습니다.**

☑️ 가나나한 과부 사 차원해석

사 차원 (깊이) 속 성		
구 조	**구 분**	**속 성**
영	영 의 생각	하나님 사랑과 감사와 영광
	육신의 생각	
마 음	선	사랑, 은혜, 희락, 평강, 충성
	악	
육 체	성령의 열매	사랑, 기쁨, 감사, 절제, 헌신
	육체의 열매	

누가복음 21장 2~3절을 영혼구원 **사차원 위치에서 보면**

일 차원해석 에서는 가난한 과부를 나로 **바꾸어 줍니다.**
이 차원해석 에서는 가난한 과부를 나로 영혼으로 **바꾸어 줍니다.**
(가난한 과부는 **구원받도록 초청받은** 내 영혼입니다)
삼 차원해석 에서는 영혼을 영혼의 구조인
생명, 영, 마음, 육체로 **확대해서 봅니다.**
(가난한 과부의 영생 받아 장성한 산 영혼과
영의 생각, 선한 마음, 아름다운 열매를 **볼 수 있습니다**)

사 차원해석 에서는 영의 생각, 마음 안, 육체의 행위를 깊이로 봅니다.

1. 영은 자신의 모든 것을 하나님께 드려
   하나님을 기쁘시게 하고 사랑하는 영의 생각 입니다.

2. 영의 생각은 마음 안에 있는 사랑, 은혜의
   선의 지혜들이 제공해준 것입니다.

3. 육체는 사랑, 기쁨, 감사, 절제, 헌신의
   성령의 열매가 맺혔습니다.

4. 과부의 모습은 내 영혼의 산 생명, 산 영혼 입니다.

가난한 과부를 사용하여 하나님께서 원하시는
산 영혼의 모습을 보여주고 있습니다.

이와 같이 내 영혼의 모습이
주님 앞에 설 때까지 변함이 없으면 천국에 들어갑니다.

 고린도후서 9장 7절을 읽어 봅시다

고린도후서 9장 7절
각각 그 마음에 정한 대로 할 것이요
인색함으로나 억지로 하지 말지니
하나님은 즐겨 내는 자를 사랑하시느니라

누가복음 21장 2~3절은
가난한 과부의 이야기를 전해주려고 기록하고 있는 것이 아닙니다.

영혼이 죽은 나를 **구원받도록 초청해 주시고**
이렇게 하나님을 사랑하며 기쁘시게 **하는 것이**
영혼구원을 **이루어가는 과정임을 가르쳐 주고 있는 것입니다.**

☑ 마태복음 19장 29절을 읽어 봅시다

마태복음 19장 29절
내 이름을 **위하여 집이나 형제나 자매나**
부모나 자식이나 전토를 버린 자마다
여러 배를 받고 또 영생을 상속하리라

성경을 육신의 눈으로 **보면** 역사, 사람, 사물들이 **보입니다.**

성경을 영의 눈으로 **보면** 영혼구원의 과정과 모습들을
육신의 눈으로 **볼 수 없기 때문에** 역사, 사람, 사물들을
그림자와 비유로 **사용하여 보여주고 있는 것입니다.**

성경공부나 **역사 공부를 할 때는**
육신의 눈에 **보이는** 역사, 사람, 사물, 단어가 진짜 **입니다.**

성경은 내 죽은 영혼을
산 영혼으로 **만들어 주는 내용을 기록했기 때문에**
역사, 사람, 사물을 영적실체인 나로 바꾸어 **주어야 합니다.**

☑ 영혼구원 사 차원해석 도표

1 차원 (길이) 사람 (나)		2 차원 (높이) 영 혼				3 차원 (넓이) 영혼의 구조	4 차원 (깊이) 영혼의 속성		
사람	나	나 (영혼)				영	영의 생각 5단계		
							상황, 수집, 원함, 계획, 명령		
사물		살 영혼		죽을 영혼		마 음 (육 체)	마음의 선과 악		
							지혜, 지식, 진리, 공의, 자비 거짓, 욕심, 살인, 교만, 원망		
과거	현재	산 영혼	죽은 영혼	산 영혼	죽은 영혼	생 명	육체의 열매들		
							사랑, 희락. 충성, 인자, 겸손 시기, 분쟁, 사기, 악독, 방탕		

설교는 성경말씀을 영혼이 생명의 양식으로 **먹을 수 있고**
    또 지금 하나님께서 내 영혼에게 주시는 살아있는 말씀 **입니다.**

설교가 그림자나 이야기가 **되면**
    영혼은 생명의 양식**으로 먹을 수도 없고**
    하나님의 말씀대로 **지금 순종할 수도 없습니다.**

    육신의 눈에 **보이는** 역사, 사람, 사물들을 생명의 양식과
    지금 나에게 주시는 하나님의 말씀으로 **바꾸려면**
    바른 성경해석이 있어야 **합니다.**

    바울이 **가르쳐준 위의 사차원 도표를 잘 사용하면**
    성경을 **바르게 해석할 수 있습니다.**

제 19 강
가인 편 실습
—
요한1서 3장 12절

성경해석에 대해서 **잘못 생각하는 것들이 많이** 있습니다.

    그중에 세 가지를 찾아보면

    첫째. 성경해석은 일부 사람만 **할 수 있다는 것**
    둘째. 본문 안에 하나의 뜻만 **들어 있다는 것**
    셋째. 본문 안에 역사나 교훈과 적용을 **찾으려고 하는 것입니다.**

성경은 항상 살아있는 말씀으로
    지금 나에게 주시는 하나님의 말씀이고, 생명의 양식 **입니다.**

성경은 교인들에게만 주시는 말씀이 아니고
    세상에 사는 모든 사람 누구에게나 주시는 말씀 입니다.

    구원받은 성도들의 영적 수준인
        간난아이, 어린아이, 아이, **청년, 장년의**
        수준이 다르기 때문에 성경해석이 달라야 합니다.

그러므로 본문은 하나지만

하나님께서 모든 사람들의 수준에 **맞도록**

성경이 해석되어 **지도록**

성경을 해석하는 방법을 **기록해 두셨습니다.**

성경해석은 예수님의 지상 명령 **입니다.**

예수님의 증인이 **되기 위해서는**

성경을 보는 눈과 성경을 해석하는 방법을 **알아야 합니다.**

그러므로 예수님께서 **가르쳐 주신** 성경을 해석하는 방법을 알면

예수님 믿는   누구든지 성경을 해석할 수 **있습니다.**

 마태복음 28장 19～20절 읽어 봅시다

> 마태복음 28장 19～20절
> 너희는 가서 **모든 민족을 제자로 삼아 아버지와**
> **아들과 성령의 이름으로 세례를 베풀고**
> 내가 너희에게 **분부한 모든 것을**
> **가르쳐 지키게 하라**

가르쳐 지키게 하라는 말씀 안에는

순종뿐만 **아니라 가르치는 선생으로** 만들라는 말씀 **입니다.**

가르치는 선생이 **되기 위해서는**

성경을 보는 눈이 열리고

성경을 해석하는 방법을 **알아야 합니다.**

대부분 성경을 해석할 때
다른 사람들이 기록해 둔 주석이나 설교 집을 참조하고
세상에서 만든 귀납적 방법과 연역적 방법을 사용하여 왔습니다.

이런 성경해석의 단점은
하나님께서 말씀하시는 영적 실체도 모르고
성경에 기록된 답도 모르기 때문에
주석이나 설교 집 또는 자신의 지식에 의지할 수밖에 없습니다.

성경을 바르게 해석하는 방법은
성경을 해석하는 방법과 성경에서 말하는 정답을 아는 것입니다.

하나님께서는 성경 안에 하나님께서 말씀하시려는 영적실체와
성경을 해석하는 방법과 하나님께서 말씀하시려는
뜻에 대한 답을 기록해 두셨습니다.

성경을 성경으로 푼다는 말은 성경 해석하는 방법으로 성경을 해석하여
성경 안에 이렇게 감추어 하나님의 뜻을 찾아내는 것을 말합니다.

이 시간 배울 19강은 가인 편 사 차원실습 입니다.

제 19 강
가인 편 실습

요한1서 3장 12절

따라서 해 봅시다.

성경의 용어와 영적실체를 알면 **성경해석은 50% 이루어진다.**

예수님과 영혼구원 **사차원 성경 해석하는 방법을 알면**

성경해석은 70% 이루어진다.

대부분 성경해석자들은

"가인과 같이 하지 말라"는 문장 때문에 영혼구원 이야기가 **아닌**

교훈을 찾아서 오늘 삶에 적용할 수 있는 것을 찾아 전해줍니다.

요한1서 3장 12절 가인을 가지고

지금까지 배운 방법으로 영혼구원 사차원 방법으로 **해석해 보면**

육신의 교훈이나 전해주는 육적설교와

예수님께서 가르쳐주신 영혼의 생명의 양식으로 주는 영적설교가

어떻게 다른지를 짐작해 볼 수 있습니다.

 요한1서 3장 12절 읽어 봅시다

요한1서 3장 12절

가인 같이 하지 말라 **그는 악한 자에게 속하여**

그 아우를 죽였으니 어떤 이유로 죽였느냐

자기의 행위는 악하고 그의 아우의 행위는 의로움이라

요한1서 3장 12절은

가인이 동생 아벨을 **죽인 기사입니다.**

☑ 가인 일 차원해석 도표 만들기

용어구별	일 차원해석		
	육하원칙	과　거	**현　재**
가인, 아우	누　　가	가　인	나
육적용어	**언　제**	**옛　날**	**지　금**
가　　인	어 디 서	들 에서	직장에서
	무 엇 을	아우를 죽였다	형제를 죽였다
아　　벨	어 떻 게	돌　로	돌　로
	왜	**미움, 시기하여**	**미움, 시기하여**

1. 가인과 아벨은　　　무슨 용어입니까? 육적용어입니다.

2. 가인과 아벨의 영적용어는 무엇입니까? 나, 영혼, 영, 마음

가인과 아벨의 **역사적 사실을**

　　　세상 사람들, 초신자, 아이와 같은 성도들에게는

　　　성경의 문자, 사건 **그대로 전해주어야** 합니다.

　　　요한1서 3장 12절의 **역사적 배경은**

　　　약 6000년 전 가인이 하나님께 제사를 드렸는데

　　　하나님께서 자신이 드리는 제사는 **받지 않으시고**

　　　　　　아우 아벨이 드리는 제사만 **받으시자**

　　　미움과 시기로 **화가 나서** 아우를 **쳐 죽였습니다.**

☑ 창세기 4장 1-13절

1 아담이 그의 아내 하와와 동침하매 하와가 임신하여

　가인을 낳고 이르되 내가 여호와로 말미암아 득남하였다 하니라

2 그가 또 가인의 아우 아벨을 낳았는데

　아벨은 양 치는 자였고 가인은 농사하는 자였더라

3 세월이 지난 후에

　가인은 땅의 소산으로 제물을 삼아 여호와께 드렸고

4 아벨은 자기도 양의 첫 새끼와 그 기름으로 드렸더니

　여호와께서 아벨과 그의 제물은 받으셨으나

5 가인과 그의 제물은 받지 아니하신지라

　가인이 몹시 분하여 안색이 변하니

6 여호와께서 가인에게 이르시되

　네가 분하여 함은 어찌 됨이며 안색이 변함은 어찌 됨이냐

7 네가 선을 행하면 어찌 낯을 들지 못하겠느냐

　선을 행하지 아니하면 죄가 문에 엎드려 있느니라

　죄가 너를 원하나 너는 죄를 다스릴지니라

8 가인이 그의 아우 아벨에게 말하고

　그들이 들에 있을 때에 가인이 그의 아우 아벨을 쳐죽이니라

9 여호와께서 가인에게 이르시되 네 아우 아벨이 어디 있느냐

　그가 이르되 내가 알지 못하나이다 내가 내 아우를 지키는 자니이까

10 이르시되 네가 무엇을 하였느냐

　네 아우의 핏소리가 땅에서부터 내게 호소하느니라

11 땅이 그 입을 벌려 네 손에서부터

　네 아우의 피를 받았은즉 네가 땅에서 저주를 받으리니

12 네가 밭을 갈아도 땅이 다시는 그 효력을 네게 주지 아니할 것이요

　너는 땅에서 피하며 유리하는 자가 되리라

13 가인이 여호와께 아뢰되 내 죄벌이 지기가 너무 무거우니이다

설교는 영혼이 하나님의 말씀을 생명의 양식으로 **먹어야 하기**
　　　때문에 역사, 사람, 사물의 이야기를 전해주면 안 됩니다.

성경은 **지금** 하나님께서 나에게 주시는 말씀으로
　　　지금 내가 **순종해야 하는** 말씀이기 **때문에**
　　　말씀을 받는 당사자가 **역사 속에 등장하는**
　　　　　　　　아담, 노아, 아브람, 모세가 되면 **안 됩니다.**
　　　말씀을 받는 당사자는 반드시 내가 **되어야 합니다.**

성경을 **지금** 내가 살아 있는 말씀으로 **받기 위해서는**
　　　두 가지만 **바꾸어 주면 됩니다.**

　　　하나는 과거의　시간을 지금, 현재로 **바꾸어라**
　　　하나는 역사의 주인공을　　　나로 **바꾸어라**

하나님 나라는 **시간이 없고 항상 현재만 있기 때문에**
육신의 눈으로 성경을 보면 2000년, 3000년 전이지만
하나님 나라에서 **현재만 존재하기 때문에**
　　　　　지금 하나님께서 말씀하시고 **계십니다.**

✅ 베드로후서 3장
8 사랑하는 자들아 주께는 하루가 천 년 같고
　천 년이 하루 같다는 이 한 가지를 잊지 말라

요한1서 3장 12절을 육신의 눈으로 **보면**
6000년 전 가인이 아벨을 **시기하여 분노로 쳐 죽였습니다.**

요한1서 3장 12절을 영혼구원 1차원 해석으로 **보면**
가인이 나로 **바꾸어지기 때문에** 가인을 나로 **바꾸면**

지금 내가 내 형제가 미워서 형제를 죽이려고 할 때
하나님께서 **죽이지 말라고** 말씀하셨는데
내가 **순종하지 않고** 형제를 죽이자
하나님께서 **진노하셔서** 나에게 **형벌을 내리시는 것입니다.**

주인공인 가인을 나로 **바꾸고**
과거의 시간을 지금, 현재로 **바꾸면,** 말씀이 살아나고

내가 형제를 미워하고 죽이고 싶을 때
지금 하나님께서 **내게 들려주시는** 말씀을 들을 수 있고

하나님 말씀을 듣고도 불순종 할 때
하나님의 **진노하심과** 그 결과가 어떻게 되는지 알 수 있습니다.

☑️ **가인 이 차원해석 도표 만들기**

이 차원 (높이) 영 혼			
나 (영혼)			
살 영혼		죽을 영혼	
가인, 아벨			
산 영 혼	죽 은 영 혼	산 영 혼	죽 은 영 혼
아 벨	가 인		

요한1서 3장 12절을 영혼구원 2차원 해석으로 보면
　　　　　가인과 아벨은 아담의 아들들로 태어나
　　　　　하나님을 신으로 선택하여 믿고 제사를 드리고 있었습니다.

이를 영혼의 위치에서 보면
본질적으로 보면 아담의 모든 후손들은 죽을 영혼으로 태어납니다.

아담의 제사가 가인과 아벨이 태어나기 전부터 시작되었으므로
가인은 모태 신앙의 소유자로 살 영혼으로 구분할 수 있습니다.
가인은 기회를 받은 자로써 하나님의 말씀에 순종하면
　　　　　　　　　　산 영혼이 되어 천국으로 갈수 있습니다.

그러나 가인은 살 영혼이었지만 마귀의 시험을 이기지 못하고
　　　　　하나님을 버리고 마귀의 말에 순종하여
　　　　　동생을 죽임으로 믿음에 실패하고 기회를 날려 버림으로
　　　　　　　　　삶을 죽은 영혼으로 마감을 하게 됩니다.

 로마서 6장 16절 읽어 봅시다

로마서 6장 16절
너희 자신을 종으로 내주어 누구에게 순종하든지
그 순종함을 받는 자의 종이 **되는 줄을 너희가 알지 못하느냐**
혹은 　죄의 종으로 사망에 이르고
혹은 순종의 종으로 　의에 이르느니라

예수님의 동생 유다는

가인과 같은 이런 행동을 이성 없는 짐승과 같은 행동이라 **말하며**

이런 자들에게 하나님의 화가 있다고 **선언합니다.**

☑ 유다서 1장

10 이 사람들은 무엇이든지 그 알지 못하는 것을 비방하는 도다

또 그들은 **이성 없는 짐승** 같이 본능으로 아는 그것으로 멸망 하느니라

11 **화 있을진저** 이 사람들이여, **가인의 길에** 행하였으며

삯을 위하여 발람의 어그러진 길로 몰려갔으며

고라의 패역을 따라 멸망을 받았도다

☑ 가인 삼 차원해석 도표 만들기

삼 차원 (넓 이) 영혼의 구조	
생 명 = **죽음에서**	**죽음으로**
영 = **영의 생각을 버리고**	**육신의 생각 선택**
마 음 = **하나님의 선이 아닌**	**마귀의 악을 제공**
(육체) = **성령의 열매버리고**	**육체의 열매를 맺음**

요한1서 3장 12절을 영혼구원 **3차원 해석**으로 보면

가인을 영혼의 구조인

생명, 영, 마음과 육체의 상태를 **살펴볼 수 있습니다.**

1. 가인이 하나님을 **섬기며 제사를 드리고 살 때는**
그의 영은 영의 생각을 하고 **있었습니다.**
그러나 마귀가 마음에 넣어준 악의 지혜들을
영이 **씻어내지 못하고 동생을 미워하며 죽이겠다는**
생각을 가졌는데 이 생각이 육신의 생각 **입니다.**

육신의 생각을 선택하는 순간 마귀의 종이 **됩니다.**

2. 가인이 동생을 죽이겠다는 생각을 가지게 한 원인은
가인 마음 안에 저장되어 있던 마귀의 악의 지혜들**입니다.**

3. 가인은 하나님께 **청함 받은 자로서**
그의 육체는 하나님의 **기뻐하시는**
성령의 열매를 **맺어야 하는데 육체의 열매를 맺게 됩니다.**

4. 가인의 영혼은 살 영혼의 기회를 **가지고 있었지만**
분노를 이기지 못하여 하나님께서 주신 최고의 선물인
말씀에 **불순종하여** 죽은 영혼으로 **삶을 마감합니다.**

가인처럼 내 영혼 안에 있는

1. 영이 육신의 생각을 **하고**
2. 마음에 악이 **있고**
3. 육체가 육체의 열매를 **맺으면**
4. 죽은 생명으로 삶을 마감하게 **됩니다.**

☑️ 가인 사 차원해석 도표 만들기

사 차원 (깊 이) 속 성		
구 조	구 분	속 성
영	<u>영의 생각</u> 육신의 생각	아우를 죽이겠다는 원함
마 음	<u>마음의 선</u> 마귀의 악	미움, 시기, 분노, 살인
육 체	<u>성령의 열매</u> 육체의 열매	미움, 살인, 위선, 거짓

요한1서 3장 12절을 영혼구원 4차원 해석으로 보면

가인을 영혼의 구조인

영, 마음과 육체의 상태를 더 자세하게 살펴볼 수 있습니다.

☑️ 창세기 4장 6~7 읽어 봅시다

창세기 4장 6-7절
여호와께서 가인에게 이르시되
네가 분하여 함은 어찌 됨이며 안색이 변함은 어찌 됨이냐
네가 선을 행하면 어찌 낯을 들지 못하겠느냐
선을 행하지 아니하면 죄가 문에 엎드려 있느니라
죄가 너를 원하나 너는 죄를 다스릴지니라

에베소서 5장 26절
이는 곧 물로 씻어 말씀으로 깨끗하게 하사 거룩하게 하시고

1. 가인이 하나님을 **섬기며 제사를 드리고 살 때는**
   그의 영은 하나님 말씀에 **순종하며**
   동생을 사랑하는 영의 생각을 **하고 있었습니다.**

   그러나 마귀가 **넣어준** 악의 지혜들인 미움, 시기, 분노,
   살인, 원망들로 **인해** 시기와 분노로 **동생을 죽이겠다는**
   육신의 생각을 **선택할 때** 하나님께서 말씀을 **주십니다.**

   가인이 **처음에는** 말씀으로 육신의 생각을 **씻어냈지만**
   하나님께서 **주신 기회를 잘 사용하지 못하고**
   다시 동생을 죽이는 육신의 생각을 **선택합니다.**

 마태복음 15장 18~19절 읽어 봅시다

> 마태복음 15장 18~19절
> **입에서 나오는 것들은** 마음에서 **나오나니**
> 이것이야말로 사람을 더럽게 하느니라
> 마음에서 **나오는 것은** 악한 생각과 살인과 간음과 음란과
> 도둑질과 거짓 증언과 비방이니

1. 가인은 부모에게 선과 악을 **유전 받아 태어났기 때문에**
   선과 악이 가인의 마음에 **들어 있습니다.**
   선은 하나님께서 **주신 지혜들로**
   대표적인 것들로는 지식, 사랑, 은혜, 긍휼, 충성 등이 **있고**

   악은 마귀가   준 지혜들로
   대표적인 것들로는 욕심, 거짓, 살인, 미움, 악, 등이 **있습니다.**

 로마서 7장

21 내가 한 법을 깨달았노니

곧 선을 행하기 원하는 나에게 악이 함께 있는 것이로다

가인이 영의 생각을 **가지고** 하나님을 섬기고 **있었을** 때는
마음에 **있던** 지식, 사랑, 은혜, 긍휼, 충성, 등의
선의 지혜들이 가인의 생각에 **제공되고** 있었습니다.

가인이 육신의 생각을 **가지게** 될 때는
마음에 **있던** 욕심, 거짓, 살인, 미움, 악, 등의
악의 지혜들이 가인의 생각에 **제공되었습니다.**

마음에서 **제공해** 주는 선과 악의 강함에 **따라서**
사람은 영의 생각도 하고 육신의 생각도 하게 됩니다.
가인의 마음을 **통해서** 내 마음을 볼 수 있습니다.

 갈라디아서 5장 19~21 읽어 봅시다

갈라디아서 5장 19~21절
육체의 일은 분명하니 곧 음행과 더러운 것과 호색과
우상 숭배와 주술과 원수 맺는 것과 분쟁과 시기와
분냄과 당 짓는 것과 분열함과 이단과 투기와 술 취함과
방탕함과 또 그와 같은 것들이라
이런 일을 하는 자들은
하나님의 나라를 유업으로 받지 못할 것이요

영은 마음에서 **제공해 주는** 선의 지혜나 악의 지혜

둘 중 하나를 선택하게 되는데

하나님께서 주신 선의 지혜인 지식, 사랑, 은혜, 긍휼, 충성, **중에서**

하나를 선택해 하겠다는 생각이 영의 생각입니다.

마귀가 준   악의 지혜인 욕심, 거짓, 살인, 미움, 악, **중에서**

하나를 선택해 하겠다는 생각이 육신의 생각**입니다.**

영이 선과 악 중에 **하나를 하겠다고 선택하면**

영의 생각이나 악의 생각이 **되는데 이를** 성경은 원함이라고 **말합니다.**

✅ **마태복음 26장**

39 조금 나아가사 얼굴을 땅에 대시고 엎드려 기도하여 이르시되

　　내 아버지여 만일 할 만하시거든

　　이 잔을 내게서 지나가게 하옵소서

　　그러나 **나의 원대로 마시옵고** 아버지의 원대로 하옵소서 하시고

내 영이 육신의 생각 곧 욕심, 거짓, 살인, 미움, 악, **중에서**

하나를 하겠다는 원함을 갖는 순간부터 죄가 **됩니다.**

✅ **마태복음 5장**

28 나는 너희에게 이르노니

　　음욕을 품고 여자를 보는 자마다 마음에 이미 간음하였느니라

영이 원함을 **갖게 되는 순간부터**　육체는 영의 원함을 **실행할 준비를 하고**

영이 육체에 명령을 **내리면**　　　육체는 영의 명령대로 **순종합니다.**

가인의 영은 마음에서 **제공해 준 마귀의 악의 지혜인**
분노, 미움, 악의, 살인 **등으로 인해** 동생을 죽이겠다는
육신의 생각 **곧 원함을 가진 후**
영은 육체에게 명령을 **내리고 육체는 동생을 죽입니다.**

이런 육체의 행동들을 성경은 육체의 열매라고 **하는데**
가인의 육체는 미움, 분노, 살인, 거짓의 열매가 **맺힙니다.**

영혼 안의 모습은 육체의 눈으로 **볼 수 없지만**
육체에 맺히는 열매를 **통해**
영혼 안의 생명, 영, 마음의 상태를 **짐작할 수 있습니다.**

영혼 구원의 기준은 믿음에 **있지만**
최종 심판의 기준은 행위에 **있습니다.**

 요한계시록 20장 12절 읽어 봅시다

요한계시록 20장 12절
또 내가 보니 죽은 자들이 큰 자나 작은 자나
그 보좌 앞에 서 있는데 책들이 펴 있고
또 다른 책이 펴졌으니 곧 생명책이라 죽은 자들이
자기 행위를 따라 **책들에 기록된 대로** 심판을 받으니

교회를 **다니는** 사람들의 행위는 믿음을 **전제하고 있습니다.**
영혼의 변화는 육체의 열매를 **통해서 짐작해 볼 수 있기 때문에**
성령의 열매를 **맺는다는 것은**
옛 사람을 벗어버리고 새사람이 **되었다는 증거입니다.**

육체의 열매를 맺었다는 것은
하나님 말씀에 순종하지 않고
마귀에게 순종한 옛사람 그대로 있다는 증거로
하나님을 믿지 않음과 같은 것입니다.

☑ 가인 사 차원해석 종합

1 차원 (길이) 사람 (나)		2 차원 (높이) 영 혼	3 차원 (넓이) 영혼의 구조	4 차원 (깊이) 영혼의 속성
가 인	나	나 (영혼)	영 (육신의 생각) 마 음 (마귀의 지혜) (육 체) (육체의 열매) 생 명 (죽은 생명)	육신의 생각
				아우를 죽이겠다는 원함
아 벨	형 제	죽 은 영 혼		마음의 악
				미움, 시기, 분노, 살인
과 거	현 재			육체의 열매들
				미움, 살인, 위선, 거짓

요한1서 3장 12절의
영혼구원 사차원 종합해석 도표입니다.
성경이 보이고 성경이 해석되어 집니까? 아 멘

성경해석은 누구나 할 수 있는 자유는 있습니다.
문제는 성경의 저자이신 하나님께서 원하시는 답을 찾는 것입니다.

성경을 보고 듣는 청중이 다르기 때문에
성경에 감추어둔 답들이 많이 있습니다.

제 20 강
에스더 편 실습

에스더 4장 16절

성경은 영혼구원의 **책이며,**
　　　구원받은 성도들의 영혼이 먹어야 하는 생명의 양식입니다.

19강에서는 악의 시조 가인에 대해서 살펴보았습니다.

육신의 눈으로 **보면 가인이지만**
　영의 눈으로 **보면** 내 영의 육신의 생각과 마음에 있는 악과
　　　　　　육체에 맺혀지는 열매를 **보여주고 있습니다.**
내가 가인과 같은 모습으로 **살면 마지막 결론은**
죽은 영혼으로 지옥으로 들어가게 되는 것을 가르쳐 주는 것입니다.

 **마태복음 7장 21절 읽어 봅시다**

> **마태복음 7장 21절**
> 나더러 주여 주여 하는 자마다
> **다 천국에 들어갈 것이 아니요 다만 하늘에 계신**
> 내 아버지의 **뜻대로 행하는 자라야 들어가리라**

마태복음 7장 21절을 예수님께 듣는 당사자는 예수님의 제자들**입니다.**

☑️ 마태복음 4장

18 갈릴리 해변에 다니시다가 두 형제 곧 베드로라 하는 시몬과

그의 형제 안드레가 바다에 그물 던지는 것을 보시니 그들은 어부라

19 말씀하시되 나를 따라오라

내가 너희를 사람을 낚는 어부가 되게 하리라 하시니

20 그들이 곧 **그물을 버려두고 예수를 따르니라**

21 거기서 더 가시다가 다른 두 형제

곧 세베대의 아들 야고보와 그의 형제 요한이 그의 아버지

세베대와 함께 배에서 그물 깁는 것을 보시고 부르시니

22 그들이 곧 **배와 아버지를 버려두고 예수를 따르니라**

모든 것을 버리고 예수님을 **믿는다고 해도**

하나님의 뜻대로 **곧** 가인처럼 하나님의 명령에 **순종하지 않으면**

천국에 **들어가지 못합니다.**

가인은 **오늘 교회를 다니는** 나입니다.

가인만 **악했기 때문에** 저주받아 지옥으로 **들어간 것이 아니고**

내가 **비록** 예수님 믿고 **있어도** 하나님의 말씀에 **순종하지 않으면**

내가, 제자들이 가인이 **되어서** 지옥으로 **들어가게 됩니다.**

성경은 나뿐만 **아니라**

가인과 **같이** 하나님 말씀에 **불순종하고**

동생을 **죽이는** 악한 자까지도 **구원해주는** 생명의 **책 입니다.**

그러므로 가인이 저주받아 지옥 갔다고 끝을 맺으면

성경은 심판의 책으로 **변하고 맙니다.**

이 시간 배울 20강은 에스더 편 실습입니다.

제 20 강
에스더 편 실습

에스더 4장 16절

가인이나 에스더는 **부모가** 하나님을 믿고 **있었고**

그로 인해 어려서부터 하나님을 믿고 **살았기 때문에**

2차원에서 보면 살 영혼으로 **구원받도록 기회를 받은 자입니다.**

이들은 산 영혼, 병든 영혼, 죽은 영혼, 중에 병든 영혼 입니다.

우리는 이미 예수님을 믿으며 **교회를 다니고** 있기 때문에

오늘 마지막 시간은 에스더의 모습을 **가지고**

영혼구원 해석 실습을 **해봅니다.**

 에스더 4장 16절 읽어 봅시다

> ### 에스더 4장 16절
> **당신은 가서 수산에 있는 유다인을 다 모으고 나를 위하여**
> **금식하되 밤낮 삼 일을 먹지도 말고 마시지도 마소서**
> 나도 **나의 시녀와 더불어 이렇게**
> 금식한 후에 **규례를 어기고**
> 왕에게 나아가리니 죽으면 죽으리이다

☑️ 에스더 4장 16절을

　　육신의 눈으로 **보면** 에스더가 백성들을 구하려고

　　삼일동안 먹지도 않고, 마시지도 않고 금식한 후

　　백성을 구하려고 죽을 각오를 하고

　　왕에게 **나갈 준비를 하는 모습**입니다.

　　대부분 설교자들은 에스더 4장 16절을 보고

　　에스더의 **이야기를 전해주면서** 주님을 위해 순교해야 된다거나

　　　　오늘 **행할 수 있는** 적용이나 교훈을 찾아 전해줍니다.

☑️ 에스더 4장 16절은

　　에스더가 백성을 위해 금식한 후 왕에게 **나아가는**

　　　　이야기를 전해주기 위해 기록한 것이 아닙니다.

☑️ 에스더 일 차원해석 도표

용어구별	일 차원해석		
	육하원칙	과　거	**현　재**
에 스 더	누　가	에 스 더	나
백 성 들	**언　제**	**옛　날**	**지　금**
금　식	어 디 서	왕궁에서	교회에서
	무 엇 을	삼일 금식	삼일 금식
기 도　전	어 떻 게	끊어 버림	끊어 버림
기 도　후	**왜**	**형제사랑**	**형제사랑**

에스더 4장을 **보면** 하만이 유대인을 **멸하려는** 계획을 알고
하나님께서 에드더에게 **민족을 구하라는** 세 차례 명령을 **내립니다.**

첫 번째는 시녀와 내시를 **통해** 간접명령을 **내려**
에스더의 양심**에** 맡겼지만 에스더는 **외면합니다.**

☑️ 에스더 4장
4 에스더의 시녀와 내시가 나아와 전하니
　왕후가 매우 근심하여 입을 의복을 모르드개에게 보내어

두 번째는 사촌 모르드개를 **통해** 직접 명령을 **내렸지만**
에스더는 **핑계를 대며 외면합니다.**

☑️ 에스더 4장
8 또 유다인을 진멸하라고 수산 궁에서 내린 조서 초본을
　하닥에게 주어 에스더에게 보여 알게 하고 또 그에게 부탁하여
　왕에게 나아가서 그 앞에서 **자기 민족을 위하여 간절히 구하라** 하니

세 번째는 하나님께서 모르드개를 **통해** 경고하면서
마지막 명령을 **내립니다.**

☑️ 에스더 4장
14 이 때에 네가 만일 잠잠하여 말이 없으면
　유다인은 다른 데로 말미암아 놓임과 구원을 얻으려니와
　너와 네 아버지 집은 멸망하리라 네가 왕후의 자리를 얻은 것이
　이 때를 위함이 아닌지 누가 알겠느냐 하니

1. 에스더는   무슨 용어입니까? 육적용어 **입니다.**
2. 에스더의 영적용어는 무엇입니까? 나. 영혼, 영, 마음**입니다.**

에스더가 하나님의 세 차례의 명령을 **거부하고**
　　　　　순종하지 않는다면 결과는 어떻게 되겠습니까?
　　　　모르드개의 **말처럼** 집은 사울 왕처럼 **망하고**
그의 삶은 죽은 영혼으로 **마감하고** 지옥으로 **들어갑니다.**

에스더의 이야기가 **아니고 현재** 내 이야기입니다.
에스더와 **같은 상황을 만나면** 나라고 **다를 것이 없습니다.**

에스더와 **같은 상황에서** 내가 살 수 있는 방법을
하나님께서 에스더서 4장 12절을 **통해 가르쳐 줍니다.**

답은 1. 세상과 관계된 것들을 모두 끊고
　　　2. 하나님께 지혜를 구하고
　　　3. 하나님께 모든 것을 맡기고 순종하는 것입니다.

☑ **야고보서 1장**
5 너희 중에 누구든지 지혜가 부족하거든 모든 사람에게 후히 주시고
　꾸짖지 아니하시는 **하나님께 구하라 그리하면 주시리라**

에스더의 **금식 기도는** 하나님께 지혜를   구하고
　　　　　　　　하나님의 도우심을 구하는 기도 **입니다.**
금식기도는 **세상과 모든 것을 단절하고**
오직 하나님만 바라보고 하나님의 은혜를 **기다리는 것입니다.**

☑️ 에스더 이 차원해석 도표

이 차원 (높이) 영혼			
나 (영혼)			
살 영혼		죽을 영혼	
에스더			
산 영혼	죽은 영혼	산 영혼	죽은 영혼
에스더			

에스더 4장 16절을 영혼구원 2차원 해석으로 보면

에스더는 유다 여고냐가 왕으로 있을 때

바벨론 왕 느부갓네살이 유다를 침공하여 유다 백성들을 잡아갔는데

포로로 잡혀간 사람들의 후손 중에 모르드개라는 사람의

삼촌의 딸로 부모가 일찍이 죽었고 모르드개가 딸처럼 양육하며

하나님을 믿고 섬기게 했습니다.

이를 2차원 영혼의 위치에서 보면

에스더는 선택받은 민족이고 그 부모나 사촌 모르드개나

모두 하나님을 믿는 모태로부터 신앙의 소유자 입니다.

성경에서 이런 사람은 살 영혼으로 구분합니다.

에스더는 기회를 받은 자로서 하나님의 말씀에 순종하면

산 영혼이 되어 천국으로 갈수 있습니다.

2차원 영혼의 위치에서 **보는** 에스더는 둘로 **나누어집니다.**

하나는 하나님 말씀을 　　　　**두 차례나 거부하는 모습**
하나는 **잘못을 깨닫고** 하나님의 말씀에 순종하는 모습

하나님께서 **가인**에게는 　　**한 차례 밖에 기회를 주지 않았고**
에스더에게는 세 차례나 기회를 주셨는데
만약 두 차례 기회만 주셨다면 어찌되었겠습니까?

두 번째 명령에 **대한** 에스더의 생각과 **행동을 보면**

 **에스더 4장**
10 에스더가 하닥에게 이르되 너는 모르드개에게 전하기를
11 왕의 신하들과 왕의 각 지방 백성이 다 알거니와
　　남녀를 막론하고 부름을 받지 아니하고 안뜰에 들어가서
　　왕에게 나가면 오직 죽이는 법이요 왕이 그 자에게
　　금 규를 내밀어야 살 것이라 이제 내가 부름을 입어
　　왕에게 나가지 못한 지가 이미 삼십 일이라 하라 하니라

에스더는 **자신의 목숨을 위해 백성을 외면하고**
　　　　하나님께서 **주신 기회를 날려 버림으로**
　　　　그대로 두면 에스더는 죽은 영혼으로 **마감을 하게 됩니다.**

☑ 요한복음 5장 29절 읽어 봅시다

> ### 요한복음 5장 29절
> 악한 일을 행한 자는 심판의 부활로 **나오리라**

하나님께서 에스더의 **죽게 되는** 병든 영혼의 모습을 보시고
세 번째의 기회를 주십니다.

☑ 로마서 6장 22절 읽어 봅시다

> ### 로마서 6장 22절
> **이제는 너희가 죄로부터 해방되고**
> 하나님께 종이 되어 **거룩함에 이르는 열매를 맺었으니**
> 그 마지막은 영생이라

에스더는 세 번째의 기회를 주셨을 때 자신의 생각을 **바꾸고**
자신에게 **주어진 기회를** 하나님 말씀에 순종하므로
백성도 구하고 에스더 **자신도 구하여**
살 영혼에서 **삶을 산 영혼으로 마감합니다.**

☑ 골로새서 3장 9~10절 읽어 봅시다

> ### 골로새서 3장 9~10절
> **너희가 서로 거짓말을 하지 말라**
> 옛 사람과 그 행위를 벗어 버리고 새 사람을 **입었으니**
> **이는 자기를** 창조하신 이의 형상을 따라
> **지식에까지** 새롭게 하심을 입은 자니라

우리가 예수님 믿고 **교회를 다니고 있지만**
　　　　옛 사람을 벗어버리지 못하고 있으면
　　　　에스더처럼 하나님의 명령에 **순종하기가 쉽지 않습니다.**

예수님 믿고 **교회를 다니고 있지만**
내 욕심, 자기 사랑 **때문에** 하나님의 말씀에 **순종하지 못하고**
형제를 사랑하지 못하는 사람은 영혼이 병든 사람입니다.

금식하기 전 에스더를 영혼의 모습으로 **보면**
　　　　에스더는 살 영혼을 가지고 **있었지만 병이 든 영혼입니다.**
　　　　병을 그대로 두면 결과는 고통과 죽음이 기다리고 있습니다.

병든 영혼은 약인 말씀으로 **씻어내면 고침을 받을 수 있습니다.**
　　에스더도 모르드개를 **통해서 주신**
　　하나님 말씀을 **가지고** 영이 가진 육신의 생각을 **씻어내고**
　　마음에 있는 악을 죽여 산 영혼이 **됩니다.**

 에스더　삼 차원해석 도표

삼　차　원　(넓 이) 영혼의 구조	
생 명 = **죽음에서**	생명으로
영　 = **영의 생각을 버리고**	영의 생각 선택
마 음 = **하나님의 선이 아닌**	하나님의 선을 제공
(육체) = **육체의 열매 버리고**	성령의 열매를 맺음

에스더서 4장을 육신의 눈으로 **보면**

에스더, **모르드개**, 하만이 **등장합니다.**

1. 에스더, **모르드개**, 하만은 무슨 용어입니까? 육적용어**입니다.**

2. 에스더, **모르드개**, 하만의 영적실체는 누구입니까?

나. 영혼, 영, 마음**입니다.**

제 6 강 영적 실체 찾기 편에서
육신의 눈으로 내 영혼을 **볼 수 없기** 때문에

내 영혼을 사람들을 사용하여 보여 준다고 배웠습니다.

에스더 4장의 육신의 눈에 **보이는** 에스더, **모르드개**, 하만은
내 영혼의 무엇을 보여주기 위해 **사용하고 있는가를** 찾아야 합니다.

☑ **사무엘상 1장 도표 참조**

육체의 눈으로 보면	영의 눈으로 보면	영적 실체
아담, 아브람, 엘가나	나, 영 혼	나, 영
아벨, 사라, 한나	나, 영 혼	마음의 선
가인, 하갈, 브닌나	나, 영 혼	**마음의 악**

☑️ 에스더, **모르드개**, 하만, 영적실체 찾기

육체의 눈으로 보면	영의 눈으로 보면	영적 실체
에 스 더	나, 영 혼	나, 영
모르드개 (하나님의 지혜)	나, 영 혼	마음의 선
하 만 (마귀의 지혜)	나, 영 혼	**마음의 악**

육신의 눈으로 사람들을 보면

　　누구의 명령이나 말에 의해 **행동하는 것처럼 보입니다.**

　　실체는 영이 어떤 생각을 **선택하느냐의**
　　원함대로 육체에 명령을 내리고 육체가 순종 **합니다.**

육신의 눈으로 **보면**

　　에스더의 **행위도 보이고,** 하만의 행위가 **보이기 때문에**
　　에스더는 선하고,　　　하만은 악하다고 **생각합니다.**

　　영의 눈으로 **보면**　에스더나 하만은 내가 **됩니다.**

이를 이차원 영혼의 위치에서 보면

　　에스더는 구원받을 나이고, 하만은 구원받지 못할 나 **입니다.**

아하수에로 왕이 에스더와 하만의 말을 **듣고** 영이 선택을 **합니다.**
이때 아하스에로 왕은   내 영이고
        아하스에로 왕에게 선과 악의 지혜를 **제공하는**
                에스더와 하만은 내 마음**입니다.**

        에스더는 선하고 하만이 악하다는 **말은**
        내 마음 안에 선과 악이 있다는 **말입니다.**

에스더 4장에서는
에스더가 모르드개의 말과 하만의 말 중에서 **선택해야 하기 때문에**
이때 에스더는   내 영이고
        에스더에게 선과 악의 지혜를 **제공하는**
                모르드개와 하만은 내 마음 **입니다.**

        모르드개는 선하고 하만이 악한 것은
        내 마음 안에 선과 악이 있다는 **말입니다.**

육신의 눈으로 **보면**
        에스더가 하만을 **죽이면** 그의 백성들을 구원할 수 있습니다.

 영의 눈으로 **보면**
        에스더가 **자신만 살겠다는** 육신의 생각을 **죽이지 못하는 한**
                하만을 **절대** 죽이지 못합니다.

에스더 4장 16절을 영혼구원 **3차원 해석으로 보면**
        에스더를 영혼의 구조인
        생명, 영, 마음과 육체의 상태를 **살펴볼 수 있습니다.**

가인은 육신의 생각을 **버리지 못하고** 동생을 죽여
병든 영혼에서 죽은 영혼이 **되기 때문에** 한 편에서만 볼 수 있지만

에스더는 병든 영혼에서 산 영혼이 **되기 때문에**
3차원 해석에서 병든 영혼의 구조와 산 영혼의 구조의
두 종류의 영혼의 모습과 구조를 **살펴보아야** 합니다.

에스더의 병든 영혼의 모습

1. 에스더가 하나님을 **섬기며** 제사를 드리고 살 때는
   에스더의 영은 **평상시에 백성을 사랑하는** 영의 생각이었습니다.

   그러나 생명의 위험이 **닥치는** 상황을 만나자
   백성을 **사랑하는** 영의 생각을 버리고
   자신만 살겠다는 육신의 생각을 하게 됩니다.

 로마서 8장 6-7절 읽어 봅시다

> 로마서 8장 6-7절
> 육신의 생각은 사망이요 **영의 생각은 생명과 평안이니라**
> 육신의 생각은 하나님과 원수가 되나니
> **이는** 하나님의 법에 굴복하지
> **아니할 뿐 아니라 할 수도 없음이라**

금식하기 전에 에스더의 영은 하만과 같은 **자신만을 위한**
육신의 **생각**이었습니다.

하만은 유대인을 죽이려는 육신의 생각을 가지고 있었지만
에스더는 자신 영 안에서 하나님의 선인 영의 생각을 죽였습니다.
이런 상태에서는 절대로 하나님의 법에 굴복할 수 없습니다.
에스더가 육신의 생각을 선택하는 순간 마귀의 종이 됩니다.

  2. 에스더가 자신만 살겠다는 생각을 가지게 한 원인은
     에스더 마음 안에 저장되어 있던 마귀의 악의 지혜입니다.

☑ 로마서 7장 21, 23절 읽어 봅시다

로마서 7장 21, 23절
내가 한 법을 깨달았노니 곧 선을 행하기 원하는
                       나에게 악이 함께 있는 것이로다
내 지체 속에서 한 다른 법이 내 마음의 법과 싸워
내 지체 속에 있는   죄의 법으로
나를 사로잡는 것을 보는 도다

금식하기 전의 에스더의 마음 안에는 모르드개와 하만의 말
곧 하나님의 지혜인 선과 마귀의 지혜인 악이 들어있는데

에스더의 마음에 있는 하만의 지혜가
              에스더의 영에게 제공되어
              에스더가 육신의 생각을 하게 된 것입니다.

  3. 에스더의 육체는 영이 육신의 생각을 하고 있는 한
     하나님의 말씀에 순종하지 못합니다.

에스더는 두려움과 자기 사랑 **때문에**
하나님께서 주신 두 번의 기회를 **놓쳤습니다.**

에스더의 모습을 **삼차원 해석의 결과로 보면**

1. 영이 **자신만 살겠다는** 육신의 생각을 **하고**
2. 마음에 두려움, 자기 사랑의 악이 있고
3. 육체는 마귀의 명령에 **따라 자신만을 위해 살겠다.**

이런 결과는 모르드개의 말처럼 멸망뿐 만아니라
살 영혼에서 병든 영혼으로
병든 영혼에서 죽은 영혼이 **됩니다.**

 에스더 4장
14 이 때에 네가 만일 잠잠하여 너와 네 아버지 집은 멸망하리라

✓ 로마서 6장
21 너희가 그 때에 무슨 열매를 얻었느냐 이제는
너희가 그 일을 부끄러워하나니 이는 **그 마지막이 사망임이라**

에스더의 살아난 영혼의 모습

☑ 이사야 55장 7절 읽어 봅시다

이사야 55장 7절
악인은 그의 길을, 불의한 자는 그의 생각을 버리고
여호와께로 돌아오라 **그리하면** 그가 **긍휼히** 여기시리라
우리 하나님께로 돌아오라 그가 **너그럽게 용서하시리라**

1. 에스더는 하나님께서 **주신 두 번의 기회를 놓쳤습니다.**

   금식하기 전에 에스더의 영은 육신의 생각으로 **인해**
   살 영혼이 **병이 중해 죽은 영혼이 되어** 가고 있었습니다.

   하나님께서 에스더에게 **세 번째 기회를 주십니다.**

   에스더는 자신 안에 **있는** 두려움, 욕심, 자기 사랑을 **이기는**
   지혜를 **얻기 위해 금식하며** 하나님께 **기도하고**
   하나님께서는 에스더에게 지혜와 힘을 **주십니다.**

   에스더는 육신의 생각, 하만을 **죽이고** 영의 생각을 **회복합니다.**

2. 에스더가 백성을 위해 죽겠다는 생각을 가지게 한 원인은
   에스더 마음 안에 **저장되어 있던** 하나님의 선의 지혜**입니다.**

☑️ 로마서 12장 1~2절 읽어 봅시다

로마서 12장 1~2절
형제들아 내가 하나님의 모든 자비하심으로 너희를 권하노니
너희 몸을 하나님이 기뻐하시는 거룩한 산 제물로 드리라
이는 너희가 **드릴 영적 예배니라**
너희는 **이 세대를 본받지 말고**
오직 마음을 새롭게 함으로 변화를 받아
하나님의 선하시고 기뻐하시고
온전하신 뜻이 무엇인지 분별하도록 하라

에스더가 마귀가 **제공하는 세상의 모든 것을 끊어버리고**
오직 하나님께서 **공급해주시는** 지혜와 은혜로 **채우자**
마음에 있는 하나님의 법이 죄의 법을 **이깁니다.**

에스더의 마음이 새롭게 되어 하나님의 선의 지혜를
영에게 **제공하자** 영이 육신의 생각을 **씻어내고**
영의 생각을 **가지고** 하나님의 명령에 **순종합니다.**

에스더의 **먹지도 않고 마시지도 않는 모습을**
영의 모습으로 **보면** 마귀가 **제공해주는** 마음에 저장하는 악도 **끊고**
영에게 **제공하는** 악의 지혜도 **끊는** 모습입니다.

삼일의 금식은 영의 생각 속에 **있는**
마귀가 **제공해준 육신의 생각을 모두 죽이는** 것입니다.

육신의 눈으로 **보면** 에스더가 하만을 죽여 **백성을 구하게 되는데**

영의 눈으로 **보면** 에스더가 자신의 영에 있는 육신의 생각을
죽일 때 자신의 백성을 구할 수 있습니다.

금식 후에 에스더의 영혼의 모습은

1. 영은   **백성을 살리겠다는** 영의 생각의 원함을 **갖고**
2. 마음은 사랑과 담대함의 선이 **있고**
3. 육체는 성령의 열매를 **맺을 준비가 되었습니다.**

에스더의 영혼은 살 영혼에서 **출발했지만**
어려운 상황을 만나자 육신의 생각으로 영혼이 병이 듭니다.

하나님께서 **이를 보시고 은혜와 지혜를 주셔서**
병든 영혼을 **건강한** 산 영혼으로 **만들어 주십니다.**

육신의 눈으로 **보면** 에스더가 **백성을 위해 금식하는 내용이지만**

영의 눈으로 **보면** 병든 내 영혼을 **고쳐주시는 내용입니다.**

☑️ 에스더 금식 전 사 차원해석 완성 도표

1 차원 (길이) 사람 (나)		2 차원 (높이) 영 혼	3 차원 (넓이) 영혼의 구조	4 차원 (깊이) 영혼의 속성
에 스 더	나	산 영혼 (에스더)	영 (육신의 생각) 마 음 (마귀의 지혜) (육 체) (육체의 열매) 생 명 (죽은 생명)	육신의 생각
				나만 살겠다
		죽 은 영 혼		마음의 **악**
				교만, 탐욕, 권력
	현 재			육체의 열매들
				욕심, 위선, 변명

에스더 4장 16절을 영혼구원 **4차원** 해석으로 **보면**
에스더를 영혼의 구조인
영, 마음과 육체의 상태를 더 자세하게 살펴볼 수 있습니다.

영혼구원 **4차원** 해석에서
금식하기 전에 에스더의 영은
왕후, 권세, 욕심, **버리지 못하겠다는** 육신의 생각을 **선택하였습니다.**

에스더의 마음 안에 있는 **어떤 지혜들이** 영에게 제공되었습니까?
에스더의 **모습보다는** 에스더 안에 하만이 **있기 때문에**
하만의 모습을 **살펴보면서 짐작해 볼 수 있습니다.**

영혼구원 3차원 위치에서 **보면**

　　마음 안에 있는 마귀의 악의 지혜 **입니다.**

영혼구원 4차원 위치에서 **보면**

　　마음 안에 있는 마귀의 악을 **세부적으로 봅니다.**

　　미움, 시기, 분노, 살인, 등을 볼 수 있습니다.

☑ 에스더 4장 13~14절 읽어 봅시다

> ### 에스더 4장 13~14절
>
> **모르드개가 그를 시켜** 에스더에게 회답하되
> 너는 왕궁에 있으니
> 모든 유다인 중에 홀로 목숨을 건지리라 생각하지 말라
> 이 때에 **네가** 만일 잠잠하여 말이 없으면
> 유다인은 다른 데로 말미암아 놓임과 구원을 얻으려니와
> 너와 네 아버지 집은 멸망하리라

육신의 눈으로 **보면**

　　요한1서 3장 12절의　가인　편과

　　에스더 4장 16절의　에스더 편은 **전혀 다른 사건입니다.**

영의 눈으로 **보면**

　　가인이나 에스더는 내 병든 영혼의 모습을 **보여주며**

　　　치료해주는 모습이기 **때문에 똑같은 내용입니다.**

다른 점은 내 병든 영혼을 둘로 나누어서

가인은 살 영혼에서 병든 영혼이 **되어**
죽은 영혼으로 **끝나는** 모습을 보여주고 있으며

에스더는 병든 영혼에서 **치료받아**
산 영혼으로 **끝나는** 모습을 보여주고 있습니다.

금식 전의 에스더의 모습은 가인과 **같기** 때문에
19강의 가인 편을 **참조하면** 알 수 있습니다.

금식 전의 에스더는 가인과 **같은** 병든 영혼이 **되어**
결론은 하나님의 **진노로** 인해 죽은 영혼으로 **삶을** 마감합니다.

☑ 에스더 금식 후   사 차원해석 완성 도표

1 차원 (길이) 사람 (나)		2 차원 (높이) 영 혼	3 차원 (넓이) 영혼의 구조	4 차원 (깊이) 영혼의 속성
에 스 더	나	살 영혼 (에스더)	영 영의 생각 마 음 선 **육 체** 성령의 열매 **생 명** 산 생명	영의 생각
				백성을 위해 죽는다
				마음의 선
	현 재	산 영혼		사랑, 긍휼, 충성
				성령 열매들
				사랑, 순교, 충성

에스더의 영혼구원 4차원 해석에서는 금식 후에
병든 영혼이 치료받는 모습과 산 영혼의 모습을 **살펴봅니다.**

 에스더 4장 16절 읽어 봅시다

> 에스더 4장 16절
> **당신은 가서 수산에 있는 유다인을 다 모으고 나를 위하여**
> **금식하되 밤낮 삼 일을 먹지도 말고 마시지도 마소서**
> **나도** 나의 시녀와 더불어 이렇게
> **금식한 후에 규례를 어기고**
> **왕에게 나아가리니 죽으면 죽으리이다**

에스더 4장 16절을
육신의 눈으로 보면 에스더가 금식하는 모습 입니다.

 요한복음 4장 13~14절 읽어 봅시다

> 요한복음 4장 13~14절
> **예수께서 대답하여 이르시되**
> 이 물을 마시는 자마다 다시 목마르려니와
> **내가 주는 물을 마시는 자는** 영원히 목마르지 아니하리니
> **내가 주는 물은 그 속에서**
> 영생하도록 솟아나는 샘물이 되리라

영혼의 위치에 **서서 보면** 금식하는 육체가 **없습니다.**
영혼은 육신의 눈에 보이는 음식도 물도 **마시지 못합니다.**

성경에서 음식이나 물은 말씀을 **설명하기 위한 비유**로 사용됩니다.

영의 눈으로 **보는** 에스더의 금식은
　　　영이 마음이나 **세상에서 제공하는** 악의 지혜인 교만, 탐욕,
　　　혈기, 권력, 자랑의 육신의 생각을 **먹지 않는 것입니다.**

영혼 안에 있는 영은 하나님의 지혜든지 마귀의 지혜든지
　　　둘 중 하나를 선택하여 원함을 가지게 됩니다.

하나님께서 에스더의 육신의 생각과 마음의 악으로 **인해**
　　　병든 영혼을 **치료해** 주시기 위해 말씀을 **주셨지만 먹지 않고**
　　　에스더는 마귀가 주는 교만, 탐욕, 권력의 물을 먹고
　　　병이 **점점 더 심해져 영혼이 죽어** 가고 **있었습니다.**

이때 하나님께서 모르드개를 **통해** 세 번째 말씀을 **주시면서**
　　　먹지 않으면 너와 아버지 집 모두 **죽는다고 경고하십니다.**

　　1. 금식 전, 에스더는 마귀가 주는 교만, 탐욕, 권력의 물을 먹고
　　　　영혼이 병들어 **죽어가고 있었는데**
　　　　하나님의 경고를 받고 자신의 영혼을 **죽이는** 마귀가 주는
　　　　교만, 탐욕, 권력의 물을 **끊어 버리는** 금식을 **합니다.**

　　　　영혼은 금식을 **할 수 없습니다.**
　　　　그러므로 하나님께서 주시는 물을 마시든지
　　　　마귀가 주는 물을 먹든지 **하나를 선택해야 합니다.**
　　　　하나를 선택하면 하나는 자연히 먹지 않게 됩니다.

육신의 눈으로 **보면** 에스더가 금식하고 **있지만**

영의 눈으로 **보면** 에스더는 마귀가 주는 물은 먹지 않지만
하나님께서 주시는 물은 먹고 **있습니다.**

이것이 영의 기능인 생각입니다.
생각은 **어떤 것을** 하겠다고 하면 그 생각을 **행동으로**
옮길 때까지 음미하게 되는데 이것이 물을 먹는 모습입니다.

에스더는 하나님께서 주시는 물
곧 사랑, 긍휼, 충성의 물을 **마시면서**
자신의 영 안에 있는 육신의 생각, 교만, 탐욕, 권력의
자신만 살겠다는 생각을 **씻어냅니다.**

☑ **에베소서 5장**
26 이는 곧 물로 씻어 말씀으로 깨끗하게 하사 거룩하게 하시고
27 자기 앞에 영광스러운 교회로 세우사 티나 주름 잡힌 것이나
이런 것들이 없이 거룩하고 흠이 없게 하려 하심이라

에스더는 육신의 생각을 **버리고**
영의 생각 곧 사랑, 긍휼, 충성의 하나님과 **백성을 위해**
순교하겠다는 원함을 갖게 됩니다.

금식 후에 에스더의 영은 하나님의 뜻에 **순종하는**
영의 생각을 가지고 순교의 길을 **걸어갑니다.**

☑️ 로마서 8장
6 영의 생각은 생명과 평안이니라

2. 금식 전, 에스더의 마음은 교만, 탐욕, 권력의 악의 지혜를
영에게 **제공하여** 영으로 육신의 생각을 **가지게 했습니다.**

금식 후, 에스더는 하나님께서 **주시는** 생명의 물을 **마시고**
마음에 하나님의 선한 지혜 곧 사랑, 긍휼, 충성을 **저장하여**
마음을 새롭게 **만들고** 영에게 사랑, 긍휼, 충성을 **제공하여**
영으로 영의 생각을 가지게 **만듭니다.**

☑️ 골로새서 3장
12 그러므로 너희는 하나님이 택하사 거룩하고 사랑 받는 자처럼
긍휼과 자비와 겸손과 온유와 오래 참음을 옷 입고
13 누가 누구에게 불만이 있거든 서로 용납하여 피차 용서하되
주께서 너희를 용서하신 것 같이 너희도 그리하고
14 이 모든 것 위에 사랑을 더하라 이는 온전하게 매는 띠니라

마음이 하나님의 지혜인 선으로 새롭게 되고
영이 하나님의 뜻에 **순종하는** 영의 생각을 **가진** 사람을
성경은 새 사람, **또한** 산 영혼이라 **말합니다.**

금식 전, 에스더의 영혼은
세상의 물로 인해 병이 **들었지만**
하나님께서 **주시는** 물을 **마시고**

금식 후, 에스더는 새 사람, **또한** 산 영혼이 **됩니다.**

☑ **골로새서 3장**

  8 이제는 너희가 이 모든 것을 벗어 버리라

    곧 분함과 노여움과 악의와 비방과 너희 입의 부끄러운 말이라

  9 너희가 서로 거짓말을 하지 말라 옛 사람과 그 행위를 벗어 버리고

10 새 사람을 입었으니 이는 자기를 창조하신 이의 형상을 따라

    지식에까지 새롭게 하심을 입은 자니라

성경은 역사, 사람, 사물에 대한 이야기를

                가르쳐 주려고 기록한 것이 아닙니다.

산 영혼, 병든 영혼, 죽은 영혼의 모습을

                육신의 눈으로 볼 수 없기 때문에

역사 속에서 살았던 구원받은 자와 버림받은 자들을 사용하여

                영혼구원 받는 방법을 가르쳐주고 있는 것입니다.

성경해석은 일부 특권층만 할 수 있는 것이 아닙니다.

예수님의 증인이 되어야 하는 모든 성도들의 의무 입니다.

성경이 해석되어 집니까? 아 멘

성경 해석하는 방법을 전하고 예수님의 증인이 되는 것이

예수님을 믿는 모든 자녀들에게 내리신 예수님의 명령 입니다.

세상 끝까지 예수님의 증인이 되는 충성된 종들이 되어

진짜 예수님의 제자들이 되시기를 축원합니다.